Dr. Franz Diekamp

Die origenistischen Streitigkeiten im sechsten Jahrhundert und das fünfte allgemeine Concil

Dr. Franz Diekamp

Die origenistischen Streitigkeiten im sechsten Jahrhundert und das fünfte allgemeine Concil

ISBN/EAN: 9783337200732

Hergestellt in Europa, USA, Kanada, Australien, Japan

Cover: Foto ©ninafisch / pixelio.de

Weitere Bücher finden Sie auf **www.hansebooks.com**

Die

origenistischen Streitigkeiten

im sechsten Jahrhundert

und

das fünfte allgemeine Concil.

Von

Dr. Franz Diekamp,
Privatdocenten der Theologie in Münster.

Münster i. W. 1899.
Druck und Verlag der Aschendorff'schen Buchhandlung.

Imprimatur.

Monasterii, die 28. Julii 1899.

de Noël, Vic. Eppi. Genlis.

Inhalt.

	Seite
Einleitung	1—5
Erster Abschnitt. Grundlegende Bemerkungen zur Chronologie der Streitigkeiten	5—32
§ 1. Die Zuverlässigkeit des Hauptzeugen	5
§ 2. Der Sterbetag des heiligen Sabas und der Fehler in der Indiktionsrechnung	11
§ 3. Die Patriarchenliste von Jerusalem von Anastasios bis auf Eustochios	15
Zweiter Abschnitt. Der Verlauf der origenistischen Streitigkeiten im 6. Jahrhundert	32—66
§ 4. Erste Periode: Bis zum Tode des heiligen Sabas	32
§ 5. Zweite Periode: Bis zum Edicte Justinians gegen Origenes	37
§ 6. Dritte Periode: Bis zur Vertreibung der Origenisten aus der neuen Laura	50
Dritter Abschnitt. Die Synodalsentenz gegen Origenes	66—138
§ 7. Die Ueberlieferung der noch vorhandenen Acten der fünften allgemeinen Synode und die Echtheit der beiden darin enthaltenen Aeußerungen über Origenes	67
§ 8. Die Zeugnisse für die Annahme, daß die fünfte allgemeine Synode nur über die drei Capitel verhandelt hat	77
§ 9. Die Nachrichten über eine eingehende Behandlung der origenistischen Angelegenheit auf der fünften allgemeinen Synode.	
A. Actenstücke und Aeußerungen der Synode selbst	82
§ 10. Fortsetzung.	
B. Nachrichten von gleichzeitigen Schriftstellern	98

§ 11. Fortsetzung.
        C. Zeugnisse des 7. Jahrhunderts   107

§ 12. Fortsetzung.
        D. Nachrichten aus dem 8. und den folgenden Jahrhunderten 115

§ 13. Das thatsächliche Vorkommen einer Verwechselung der Synoden von 543 und 553 bei alten Schriftstellern   120

§ 14. Der Libellus des Theodoros von Skythopolis . . . 125

§ 15. Ergebnisse - 129

Zeittafeln 139

Nachträge 142

Einleitung.

Seitdem im Jahre 1567 die Acten des fünften allgemeinen Concils von Konstantinopel (553) zum ersten Male durch Laurentius Surius veröffentlicht worden sind [1], ist es eine vielumstrittene Frage geblieben, ob diese Synode nur in der Angelegenheit der drei Capitel oder ob sie auch in Sachen der Origenisten Berathungen gepflogen und ein Urtheil gefällt hat. Die mittelalterlichen Gelehrten hatten gegen die Geschichtlichkeit der durch zahlreiche alte Schriftsteller bezeugten antiorigenistischen Verhandlungen und Entscheidungen der fünften Synode kein Bedenken erhoben. Die damals neuentdeckten Acten aber — sie umfassen die Protokolle von acht Sitzungen und sind auch jetzt, wenige Stücke abgerechnet, nur in einer alten lateinischen Uebersetzung bekannt — enthielten nichts von Verhandlungen dieser Art. In der fünften Sitzung wird zwar gelegentlich erwähnt, daß die anwesenden Bischöfe Origenes verurtheilt hätten [2]; aber der Einwurf lag nahe, daß diese Bemerkung sich auf die Zustimmung nahezu aller Bischöfe zu dem kaiserlichen Edicte gegen Origenes vom Jahre 543 beziehe. In dem elften Anathematismus der achten Sitzung wird Origenes mit den Häretikern Arios, Eunomios, Makedonios, Apolinarios, Nestorios und Eutyches aufgeführt und gleich ihnen mit dem Anathem belegt [3]; aber daraus auf vorhergegangene besondere Verhandlungen dieses Concils gegen Origenes zu schließen, schien unbegründet zu sein, da doch gegen Arios, Eunomios und die übrigen Ketzer dort sicher nicht verhandelt worden ist.

---

[1] L. Surius, Tomus secundus conciliorum omnium. Coloniae Agripp. 1567. S. 498—602. Ich citire im Folgenden nach J. D. Mansi, Sacrorum conciliorum nova et amplissima collectio. Tom. IX. Florentiae 1763.
[2] **Mansi** IX Sp. 272 D.
[3] **Mansi** IX Sp. 384 AB.

Dieser Sachverhalt hat zu einem Zwiespalte der Meinungen geführt, der noch fortbesteht. Cäsar Baronius[1]) hielt dem Zustande der Synodalacten gegenüber das Zeugniß der alten Tradition für vollkommen ausreichend, um mit Sicherheit erweisen zu können, daß die fünfte allgemeine Synode Origenes und seine Lehren auf Grund besonderer Berathungen verurtheilt habe. Ihm schlossen sich, um nur einige hervorragende Vertreter dieser Ansicht zu nennen, mehr oder minder rückhaltlos **Severinus Binius**[2]), **Peter de Marca**[3]), **Peter Daniel Huet**[4]), der Cardinal **Heinrich Noris**[5]), **Anton Pagi**[6]), **Samuel Basnage**[7]), **Claude Fleury**[8]), die Brüder **Peter** und **Hieronymus Ballerini**[9]), **Natalis Alexander**[10]), **Remy Ceillier**[11]) an. In neuerer Zeit lehren **Edward Pusey**[12]), **Wilhelm Möller**[13]), **Friedrich**

[1]) C. Baronius, Annales ecclesiastici. VII. [ed. princ. Romae 1588 ff.] Antverpiae 1658. S. 471—474.

[2]) S. Binius, Concilia generalia et provincialia. Tomi II. pars II. Coloniae Agripp. [ed. princ. 1606] ed. 2. 1618. S. 172—176.

[3]) P. de Marca, De Vigilii decreto pro confirmatione V. Synodi (1643) bei Mansi IX Sp. 430—482.

[4]) P. D. Huetius, Origeniana [als Einleitung zu Origenis Commentaria in S. Scripturam zuerst gedruckt Rouen 1668] bei De la Rue, Origenis opera. III. Paris. 1740. App. lib. II. cap. 4. sect. 3. S. 280—288.

[5]) H. Noris, Dissertatio historica de Synodo quinta [zuerst als Beigabe zur Historia Pelagiana, Padua 1673 gedruckt] in H. Norisii Opera omnia edd. P. et H. Ballerini. I. Veronae 1729. Sp. 553 ff.

[6]) Annales ecclesiastici C. Baronio auctore, una cum critica historico-chronologica A. Pagii. X. Lucae 1741. S. 137—141.

[7]) S. Basnage, Annales politico-ecclesiastici a Caesare Augusto usque ad Phocam. III. Roterodami 1706. S. 806.

[8]) Fleury, Histoire ecclésiastique. VII. Bruxelles 1720. S. 460 f.

[9]) P. et H. Ballerini, Defensio dissertationis Norisianae de Synodo V. adversus dissertationem P. Garnerii, in H. Norisii Opera omnia. IV (1732) Sp. 985—1050.

[10]) Nat. Alexander, Historia ecclesiastica. III. Paris. 1780. S. 705 f.

[11]) R. Ceillier, Histoire générale des auteurs sacrés et ecclésiastiques. XVI. Paris 1748. S. 766 ff.

[12]) E. Pusey, What is of Faith as to Everlasting Punishment? Das Werk war mir nicht zugänglich. Ueber den Inhalt berichtet A. W. W. D. im Dictionary of christian biography, litterature, sects and doctrines. IV (1887) S. 155.

[13]) W. Möller in der Realencyklopädie für protestantische Theologie und Kirche. XI² (1883) S. 113.

Loofs[1]), Adolf Harnack[2]) dasselbe. Baronius hatte die Origenisten für die von ihm behauptete Verstümmelung der Acten verantwortlich gemacht. Seit P. de Marca neigte man jedoch mehr dahin, den Verlust der auf Origenes bezüglichen Acten einem Zufall zuzuschreiben. Die uns erhaltenen Acten, meinte de Marca, bieten die lateinische Uebersetzung, die man gleich nach den ersten acht Sitzungen, vor den Berathungen über Origenes, für den Papst Vigilius, der sich damals in Konstantinopel aufhielt, aber nicht an der Synode theilnahm, angefertigt habe, damit er sich über seine Stellungnahme zu den Beschlüssen in der Dreicapitelangelegenheit entscheiden könne.

Eine der Anschauung des Baronius diametral entgegenstehende Auffassung begründete Peter Halloix[3]). Bei seinem Streben, Origenes auch von dem leisesten Verdachte der Heterodoxie zu reinigen, leugnete er jede Verurtheilung seines Clienten auf der fünften allgemeinen Synode. Das Schweigen der Päpste des 6. Jahrhunderts und des Chronisten Victor von Tunnuna über einen Beschluß dieser Art bot ihm eine vermeintlich vollkommen sichere Stütze. Die beiden oben erwähnten Stellen in der fünften und achten Sitzung galten ihm als unzweifelhafte Fälschungen. Ein Urtheil gegen den alexandrinischen Lehrer soll nur in dem „vom Vater der Lüge dictirten", durch den Patriarchen Menas und andere Bischöfe angenommenen Edicte des Kaisers Justinian gegen Origenes (543) gesprochen worden sein. Hiervon ausgehend, haben Unverstand und noch mehr der böse Wille der Feinde des Origenes den Irrthum von seiner Verurtheilung ins Leben gerufen und fortgepflanzt.

Halloix' Buch war eine krasse Tendenzschrift. Aber seine These über die fünfte Synode warb eifrige Freunde, den eifrigsten wohl in Johann Garnier, der sie mit großer Heftigkeit gegen die Angriffe von Noris vertheidigte[4]).

---

[1]) Fr. Loofs, Leontius von Byzanz (Texte u. Untersuchungen III. 1. 2). Leipzig 1887. S. 287. 291.

[2]) A. Harnack, Lehrbuch der Dogmengeschichte. II³. Freiburg und Leipzig 1894. S. 396.

[3]) P. Halloix, Origenes defensus sive Origenis Adamantii presbyteri, amatoris Iesu, vita, virtutes, documenta. Leodii 1648. S. 354 ff.

[4]) J. Garnerius, Dissertatio de V. Synodo, als Anhang zu seiner Ausgabe des Breviarium von Liberatus. Paris 1675 (bei Migne Patrol. lat. 68, 1051—1096). Garnier hat selbst eine gründliche Revision seiner Schrift für

Auch Wilhelm Cave[1]), Ellies Dupin[2]), Michael Lequien[3]), Christian Wilhelm Franz Walch[4]) hielten seine Erklärung im Wesentlichen für berechtigt oder doch für wahrscheinlich und suchten ihr durch Zeugnisse aus der Tradition neue Stützen zu verleihen. In neuerer Zeit steht Aloisi Vincenzi[5]) mit ganzer Seele auf Halloix' Seite, ja er geht in seinem immerfort und überall Mißverständnisse, absichtliche Verdrehungen und böswillige Fälschungen witternden Werke noch über diesen hinaus, insofern er auch Justinians Edict gegen Origenes für unecht erklärt und es für ein dem Kaiser nur überreichtes, in Syrien entstandenes Actenstück ausgibt.

Weitaus die meisten Gelehrten unserer Tage treten der in der älteren Zeit durch Heinrich Valesius[6]) und Jakob Basnage[7]) aufgestellten, neuerdings durch Carl Joseph v. Hefele[8]) sorgfältig begründeten vermittelnden Ansicht bei, daß besondere Synodalverhandlungen gegen Origenes nur auf der σύνοδος ἐνδημοῦσα zu Konstantinopel im Jahre 543 stattgefunden, daß aber

---

nöthig erachtet und sie umgearbeitet, wobei er gerade das fünfte Capitel, das sich mit der Verurtheilung des Origenes befaßte, vollständig fortgelassen hat. Nur im zweiten Capitel hat er noch in Kürze die Behauptung aufrechterhalten, daß Origenes, Evagrios und Didymos nicht von einem Anathem der fünften allgemeinen Synode getroffen worden seien. In dieser veränderten Gestalt erschien die Dissertatio nach Garnier's Tode (1681) in seinem von J. Hardouin besorgten B. Theodoreti episc. Cyri Auctarium sive Operum tom. V. Paris. 1684; wieder abgedruckt in der Theodoretausgabe von J. L. Schulze. Bd. 5. Halle 1774. S. 512—607.

[1]) W. Cave, Scriptorum ecclesiasticorum historia literaria. II. Genevae 1699. S. 119 f. 124.

[2]) L. E. Dupin, Nouvelle Bibliothèque des auteurs ecclésiastiques. [Paris 1686 ff.] V. Autrecht 1731. S. 183—207, besonders S. 204.

[3]) M. Lequien, Oriens christianus. III. Paris. 1744. Sp. 210—234.

[4]) Chr. W. Fr. Walch, Entwurf einer vollständigen Historie der Kezereyen, Spaltungen und Religionsstreitigkeiten, bis auf die Zeiten der Reformation. VII. Leipzig 1776. S. 618—674.

[5]) Al. Vincenzi, In S. Gregorii Nysseni et Origenis scripta et doctrinam nova recensio. IV. Romae 1865, et V, 1869 App. II.

[6]) H. Valesius in einer Note zu Evagrii Historia ecclesiastica IV, 38 ed. Val. (Paris. 1673) bei Migne Patrol. gr. 86, 2 Sp. 2779 f.

[7]) J. Basnage, Histoire de l'église depuis Jésus-Christ jusqu'à présent. I. Roterodami 1699. S. 532.

[8]) C. J. v. Hefele, Conciliengeschichte. II². Freiburg 1875. S. 790 ff. 859 ff. 898 f.

auch das fünfte allgemeine Concil im Jahre 553 den Origenes und seine Irrthümer ausdrücklich, wenngleich „nur transeundo und in cumulo" mit anderen Häretikern im elften Anathematismus verurtheilt habe. Es sei mir erlassen, die zahlreichen Anhänger dieser These aufzuführen.

Wenn ich eine neue Behandlung der verwickelten und schwierigen Frage in Angriff zu nehmen wage, so geschieht es, weil ich glaube, daß eine von Grund auf neue Untersuchung der Quellen und insbesondere die Ausnutzung einiger bisher gar nicht verwertheter oder nicht ausreichend gewürdigter Documente uns der richtigen Lösung um ein Erhebliches näher zu bringen vermag.

Ob die origenistischen Streitigkeiten des 6. Jahrhunderts durch eine Verurtheilung der Origenisten seitens des fünften ökumenischen Concils ihren Abschluß gefunden haben oder nicht, läßt sich nicht richtig entscheiden, wenn nicht der Verlauf des Streites wenigstens in seinen letzten Stadien klar gelegt wird. Es muß sich zeigen, ob die Kämpfe eine Synodalsentenz gegen die Origenisten im Jahre 553 provociren konnten oder gar mußten, oder ob sie nicht dahin geführt haben werden. Mit Hülfe eines längst gedruckten, aber für diesen Zweck noch nicht benutzten Materials bin ich in der Lage, die Chronologie der Begebenheiten mehrfach richtig zu stellen und zu ergänzen. Damit jedoch durch einige dabei nothwendige weitläufige Untersuchungen der Zusammenhang nicht zerrissen werde, mögen diese der eigentlichen Darstellung voraufgehen.

Erster Abschnitt.
Grundlegende Bemerkungen zur Chronologie der Streitigkeiten.

§ 1.
Die Zuverlässigkeit des Hauptzeugen.

Die Hauptquelle für die Geschichte der letzten energischen Bemühungen, die origenistischen Lehren von der Präexistenz der Seelen, von der Apokatastasis u. s. w. zu verbreiten, ist die Lebensbeschreibung des heiligen Sabas aus der Feder des Kyrillos von Skythopolis [1]). Zwar lebte der große Mönchsfürst Sabas nur bis

---

[1]) Die Vita Sabae liegt in zwei Ausgaben vor, von J. B. Cotelerius Ecclesiae graecae monumenta. III. Paris. 1688. S. 220—376, und in sehr

zum 5. Dezember 532; aber Kyrillos hat auch die Ereignisse bis zum 21. Februar 555 dargestellt, um zu zeigen, daß ein prophetisches Wort des greisen Anachoreten über die vollständige Unter-

splendider Ausstattung von N. Pomjalovskij, Leben des hl. Sabas, verfaßt vom hl. Kyrillos von Skythopolis, in altslavischer Uebersetzung. Nach einer Handschrift der kaiserlichen Gesellschaft der Freunde alten Schriftthums, mit Hinzufügung des griechischen Originals und einer Einleitung. St. Petersburg 1890. [russisch]. Die bezeichnete altslavische Handschrift (13. Jahrh.) trägt die No. 2004. Der griechische Text ist ein genauer Abdruck der Ausgabe Cotelier's sammt seinen Anmerkungen. Die Einleitung gibt u. a. eine genaue paläographische Beschreibung der Haupthandschrift, sowie die Varianten von zehn weiteren altslavischen Manuscripten der Vita. Da Cotelier's Ausgabe größere Verbreitung hat, so werde ich nach ihr citiren. — Kyrillos von Skythopolis verfaßte ferner Lebensbeschreibungen von Euthymios (ed. Eccles. graecae mon. IV. = Analecta graeca I. Paris. 1688 S. 1—99), Johannes Hesychastes (ed. Acta SS. Maii III. 1680 S. 16*—21*), Kyriakos (ed. Acta SS. Septembris VIII, 1762 S. 147—159), Theodosios (ed. H. Usener, Der heilige Theodosios. Schriften des Theodoros und Kyrillos. Leipzig 1890. S. 105—113), Theognios (ed. Analecta Bollandiana X, 1891 S. 113—118 und ed. A. Papadopulos Kerameus: Pravoslávnyi Palestinskij sbornik XI, 1891 S. 22—24), Gerasimos (ed. A. Papadopulos Kerameus, Ἀνάλεκτα Ἱεροσολυμιτικῆς Σταχυολογίας IV. Ἐν Πετρουπόλει 1897 S. 175—184). Auf eine noch ungedruckte Vita des Abramios, die vermuthlich von Kyrillos stammt, macht A. Ehrhard in Krumbachers Gesch. der byzantinischen Litteratur[2]. München 1897 S. 186 aufmerksam. — Die Lebensumstände dieses Hagiographen ergeben sich aus seinen Schriften und sind von Usener a. a. O. S. XII ff. zusammengestellt worden. Jedoch hat Usener Kyrillos' Geburt mindestens um 10 Jahre zu früh angesetzt, und zwar in Folge einer Verwechselung des zweiten mit dem ersten Aufenthalte des heiligen Sabas in Skythopolis. Als Sabas im Herbste 518 dort die Verfügung des Kaisers über die Eintragung der chalkedonischen Synode in die Diptychen verkündigte, besuchte er zwar Kyrillos' Vater Johannes und segnete seine Mutter (Vita Sabae p. 330); Kyrillos aber war noch nicht geboren. Erst bei der zweiten Anwesenheit des greisen Abtes in Skythopolis im Winter 531/532 hatte der noch in zartem Knabenalter stehende Kyrillos (ἐμὲ δὲ παῖδα ὄντα καὶ μετὰ τοῦ πατρὸς εὑρεθέντα Vita Sabae p. 350) die ihm unvergeßliche Begegnung mit dem Heiligen. Demgemäß war er, als er im November 543 von seiner Heimath Abschied nahm, noch nicht „ein angehender dreißiger", sondern höchstens zwanzig Jahre alt. Es wird sich ferner unten herausstellen, daß er nicht schon im Jahre 554, sondern erst am 21. Februar 555 in die neue Laura übergesiedelt ist. Deshalb fällt die Vollendung der Vita Euthymii und der Vita Sabae in die ersten Monate des Jahres 557. Kurz darauf bezog er eine Zelle in der größten Laura, wo er noch in demselben Jahre die Vita Ioannis Hesychastae schrieb. Die übrigen Schriften folgten in kleinen Abständen. Das Jahr 558 hat Kyrillos wohl nicht überlebt.

drückung der Origenisten (Vita Sabae p. 344) glänzend in Erfüllung gegangen sei.

Was uns die Vita Sabae so ungemein werthvoll macht, ist die reiche Fülle genauer Daten, die sie bietet. Sehen wir von A. Vincenzi ab, der in seinem oben genannten Werke auch das Zeugniß dieser Quellenschrift über die Verurtheilung der Origenisten nach Kräften zu entwerthen sucht, ihr Unordnung und Verworrenheit zum Vorwurfe macht und viele Unrichtigkeiten zur Last legt [1]), so können wir volle Einmüthigkeit im Lobe des Kyrillos von Skythopolis constatiren. Es genüge je ein Zeugniß aus der älteren und aus der neueren Litteratur. J. B. Cotelier bemerkt: „Neque vero necesse est, ut quidquam dicamus de Cyrillo Scythopolita, cum ... notissimus sit ex doctorum hominum elogiis, qui certatim in laudes illius tamquam accurati et diligentis scriptoris optimique historici efferuntur" [2]). In neuerer Zeit widmet ihm H. Usener Worte hoher Anerkennung: „Er nimmt in der erbaulichen litteratur des alterthums eine ehrenstelle ein, weil er ein echter geschichtschreiber ist. Mit scharfem gefühl für das wahre wußte er sich seine gewährsmänner zu wählen, wie den abt Kyriakos, den einsidler Johannes und den Armenier Paulus, und wurde nicht müde zu dieser und jener niederlassung zu wandern, um das erkundete zu berichtigen und zu ergänzen. Den prüfstein seines berufs zum geschichtschreiber der wüste gibt die ungewöhnliche sorgfalt, mit welcher er die genauigkeit der zeitbestimmung erstrebt. Hier lag für ihn selbst das wichtigste mittel, die zuverlässigkeit seiner berichterstatter zu prüfen. Uns und der geschichte hat er damit den dienst geleistet, an seiner hand eine reihe chronologisch bestimmter ereignisse, welche fast zwei jahrhunderte umfaßt, herstellen zu können. Ohne ihn würde die damalige geschichte der kirche von Jerusalem im dunkeln liegen; erst Pagi [3]) hat nach ihm die chronologie der dortigen bischöfe ermittelt. Mit

---

[1]) A. Vincenzi a. a. O. S. 307—333. Die Ausstellungen, die er macht, sind durchweg überaus kleinlich und so unerheblich, daß es überflüssig ist, darauf einzugehen. So weit es nöthig ist, geben die unten im zweiten und dritten Abschnitte folgenden Ausführungen auch die Widerlegung der Vorwürfe Vincenzi's.

[2]) In den Noten zur Vita Sabae a. a. O. Sp. 574.

[3]) Vor Pagi doch schon Papebroch 1680 (vgl. unten S. 15) und theilweise bereits Henschen in den Acta SS. Ianuarii II (1643) S. 301.

gerechtem selbstgefühl darf Kyrillos für seine angaben volles vertrauen fordern. Und eine rege theilnahme an den dogmatischen und kirchlichen bewegungen seiner zeit befähigt ihn auch den inneren zusammenhang der ereignisse klar und richtig aufzufassen. Es ist ein genuss seinen lichtvollen überblicken zu folgen, wenn man sich durch die dürftigkeit unserer reste von Theodoros anagnostes oder durch den wüsten notizentrümmerhaufen des Theophanes durchgearbeitet hat" [1]).

Usener hat eine vollständige Zusammenstellung des chronologischen Ertrages aus Kyrillos versprochen (S. XX Anm. 22). Ich beschränke mich auf die für die gegenwärtige Studie wichtigen Daten. Großen Nutzen gewährten mir die einschlägigen Untersuchungen von Fr. Loofs [2]).

Leider hat Cotelier für seine Ausgabe der Vita Sabae nur eine und zwar eine minderwerthige Handschrift — er nennt sie codex Colbertinus 4461 — benutzt. Dieselbe hatte nicht nur durch Feuchtigkeit gelitten, so daß verschiedene Lücken aus der Bearbeitung der Vita von Symeon Metaphrastes, die dem Herausgeber in mehreren Handschriften vorlag [3]), ergänzt werden mußten. Es fehlten darin auch mehrere Sätze oder Satztheile, vorzugsweise chronologischen Inhalts — Notizen, die in anderen Handschriften erhalten sind und deren Echtheit sich nachweisen läßt. Es war mir zwar nicht möglich, handschriftliche Studien in dieser Richtung zu machen; aber das gedruckte Material gibt genügende Auskunft: 1) In einem Citate aus der Vita Sabae, das die Acten des siebenten allgemeinen Concils zu Nikaia (787) aufbewahrt haben, finden wir den Regierungsantritt des Patriarchen Johannes von Jerusalem genau datirt [4]); im codex Colbertinus 4461 fehlte diese Angabe. 2) Nikolaus Alemannus hat in seinen Noten zu den Anekdota des Prokopios [5]) das Datum der Adoption Justinians und des Todes Justins I. aus einer vatikanischen Handschrift der Vita

---

[1]) H. Usener, Der hl. Theodosios. S. XIX f.
[2]) Fr. Loofs a. a. O. S. 274—286.
[3]) Dieselbe ist immer noch nicht edirt.
[4]) Acta Conc. Nicaen. II. actio I., ed. Mansi XII Sp. 1046 A. 1045 A, XIII Sp. 523 C.
[5]) Die Ausgabe des Alemannus erschien Lugduni 1623; der Commentar ist in der Dindorf'schen Ausgabe, Bonn 1838, wiederholt worden; die betreffenden Stellen stehen hier S. 391 f. Daß er einen codex Vaticanus benutzt hat, sagt Alemannus S. 407.

Sabae mitgetheilt; beide Zeitbestimmungen waren dem Codex Coteliers fremd. 3) Der Bollandist Gottfried Henschen hat einer Handschrift der Vita Sabae ebendieselben Zeitangaben wie Alemannus entnommen, außerdem noch mehrere andere, die nicht in dem von Cotelier gedruckten Texte stehen [1]). 4) Von größter Wichtigkeit ist ein vollständiges, bislang, soviel ich sehe, fast unbeachtet gebliebenes Variantenverzeichniß, das Cotelier selbst am Schlusse seines Werkes unter den „Errata. Omissa. Addenda" mitgetheilt hat. Als der Druck der Vita Sabae nach dem Colbert. 4461 und des ganzen dritten Bandes der Monumenta bereits fertig war, fand der Herausgeber in einem eben erst von der Colbertinischen Bibliothek erworbenen Codex die Lebensbeschreibungen des Sabas und des Euthymios von Kyrillos von Skythopolis; er collationirte die erstere mit dem gedruckten Texte und fügte die acht Spalten füllende Variantenliste mit vielen Zusätzen, worunter namentlich genaue chronologische Daten sind, am Ende bei. 5) Die von Pomjalovskij edirte altslavische Uebersetzung enthält im Wesentlichen ebendieselben Ergänzungen.

Es ergibt sich also, daß der von Cotelier zu seiner Edition ausschließlich benutzte Colbertinus 4461 anderen Handschriften an Vollständigkeit nachsteht [2]). Sind aber die in diesen Handschriften, speciell die in Add und Slav [3]) enthaltenen Zusätze als echt und zuverlässig zu betrachten? Für die Echtheit spricht erstens das Alter und die Zahl der Handschriften. Wie die Concilsacten von Nikaia (787) lehren, gab es eine vollständigere Handschrift schon im 8. Jahrhundert. Im 10. Jahrhundert benutzte Symeon Metaphrastes gleichfalls ein vollständigeres Exemplar; denn die Notiz über die ältesten Aebte des von Sabas gegründeten Klosters in Nikopolis, die wir Add (zu VS p. 271) und Slav (p. 175) verdanken, steht auch in der Ueberarbeitung des Metaphrasten (vgl. Coteliers Note auf Sp. 593). In der späteren Zeit ist neben Add und neben der der slavischen Version zu Grunde liegenden wenigstens noch

---

[1]) Acta SS. Ianuarii II (1643) S. 301. 321.

[2]) Eine gute Ausgabe der werthvollen Quellenschrift im griechischen Original ist ein dringendes Bedürfniß.

[3]) Mit Add bezeichne ich im Folgenden die von Cotelier nachträglich beigefügte Variantenliste bezw. die Handschrift, woraus sie geschöpft ist, mit VS seine Ausgabe der Vita Sabae, mit Slav die altslavische Uebersetzung in der Edition Pomjalovskij's.

eine griechische Handschrift mit den fraglichen Zusätzen vorhanden gewesen. Die von Alemannus benutzte kann zwar mit der Handschrift Henschens identisch sein; aber beide enthalten sicher zwei Daten, die sich in Add nicht genau so nachweisen lassen¹). Zweitens wird die Echtheit jener Ergänzungen dadurch in etwa verbürgt, daß einige derselben durch andere Werke Kyrills Bestätigung finden. Daß der Abt Theodosios „in der siebenten Indiktion" gestorben ist und Sophronios zum Nachfolger gehabt hat (Add zu p. 339 und Slav p. 395), wissen wir auch aus der Vita Theodosii (ed. Usener p. 111). Die Vita Euthymii p. 86 belehrt uns, daß der Patriarch Anastasios von Jerusalem im Anfang Januar 458 aus dem Leben geschieden ist: statt dessen liest Add freilich ἐν ἀρχῇ τοῦ Ἰουλίου μηνός (ebenso Slav p. 69), aber es läßt sich aus dem Contexte der VS p. 238 darthun, daß Ἰουλίου unrichtig ist; es wird ein bloßer Schreibfehler vorliegen. Drittens, ein völlig sicheres Argument für die Echtheit der Angaben in Add und Slav bietet der dort regelmäßig bei allen Indiktionsdaten vom Jahre 531 an wiederkehrende Fehler, daß eine Indiktion zu wenig berechnet wird: denn ebenderselbe Fehler in der Indiktionszählung ist in der VS, in der Vita Theodosii und in der Vita Ioannis Hesychastae des Kyrillos von Skythopolis, m. a. W. in allen seinen Schriften, in denen die Erzählung bis in die dreißiger Jahre des 6. Jahrhunderts hinabreicht, ebenfalls vom Jahre 531 an nachweisbar (vgl. § 2).

Im Allgemeinen dürfen wir also die Ergänzungen in Add und Slav als echt und als ebenso zuverlässig, wie das Leben des Sabas überhaupt, ansehen.

---

¹) Alemannus und Henschen entnehmen ihrer Handschrift übereinstimmend, daß Justinian am 1. April 527 τῇ ἁγίᾳ πέμπτῃ d. i. am Donnerstag der Charwoche zum Mitkaiser erhoben worden und daß Justin I. am 2. August desselben Jahres gestorben sei. (An der ersteren Stelle geben Add zu VS p. 337 und Slav p. 387 den 5. April, an der letzteren gibt Add den 6., Slav den 2. August an. Fast alle anderen Quellen setzen Justins Todestag auf den 1. August, die Edessenische Chronik auf den 10. August; vgl. L. Hallier, Untersuchungen über die Edessenische Chronik [Texte u. Untersuchungen IX, 1] Leipzig 1892 S. 135).

§ 2.
Der Sterbetag des heiligen Sabas und der Fehler in der Indiktionsrechnung.

Für die Chronologie der origenistischen Kämpfe hat die genaue Bestimmung von Sabas' Todestag grundlegende Bedeutung, da Kyrill mehrere Begebenheiten nach den Jahren, die seit dem Tode des Sabas verflossen waren, zeitlich fixirt. Darum hat auch Loofs diesem Datum besondere Aufmerksamkeit gewidmet.¹) Sein Resultat ist richtig: Sabas starb am 5. Dezember 532. Aber Loofs hat noch nicht jedes Bedenken gehoben. Nach Kyrillos' Angaben erfolgte der Tod des heiligen Eremiten am 5. Dezember der zehnten Indiktion (1), im Jahre der Welt 6024 (2), nach der Menschwerdung des Logos im Jahre 524 (3), im vierundneunzigsten Jahre seines Lebens (4), nach dem Consulate des Lampadios und des Orestes τὸ δεύτερον (5), im 6. Jahre des Kaisers Justinian (6), an einem Samstagabende (7) ²). Indeß diese Angaben stehen unter einander nicht im Einklang. Während No. 1—3 das Jahr 531 bezeichnen, gehen No. 5—7 bestimmt auf den 5. Dezember 532, und auch No. 4 läßt sich, wie Loofs gezeigt hat, nur auf 532 beziehen, da die zahlreichen Zeitbestimmungen der Vita Sabae, die von Sabas' Geburt an rechnen, sämmtlich den Anfang des Jahres 439 als den Termin seiner Geburt voraussetzen. Somit spricht die größere Zahl der Daten, zumal da No. 2 und 3 im Grunde genommen nur den Werth eines einzigen haben, für das Jahr 532; und da ferner No. 2 und 3 „bei der Unsicherheit der Angaben nach anni mundi und anni incarnationis" (Loofs S. 279) nicht als Zeugen von Belang gelten können, so bereitet nur No. 1 *(δεκάτης ἰνδικτιόνος)* eine wirkliche Schwierigkeit.

Die Erklärung, die Loofs bietet, beruht auf einer irrigen Voraussetzung. Darnach hat Kyrillos bei seiner Erzählung von dem letzten Besuche des greisen Sabas in Konstantinopel außer Acht gelassen, daß mit dem 1. September ein neues Indiktionsjahr beginnt. Er habe nämlich Sabas' Abreise nach Byzanz in den

---

¹) Fr. Loofs a. a. O. S. 278 f. In der ebenda S. 276 angestellten Erörterung über chronologische Bestimmungen der Vita Euthymii ist zweimal (Zeile 13 und 25) „indict. 2" in „indict. 11" zu verbessern.

²) Die Daten No. 1—3 stehen VS p. 353 C, No. 4—6 p. 354 B, No. 7 (von Loofs übersehen) p. 353 B. In Slav fehlen No. 5 und 6.

April der neunten Indiktion (d. i. 531) gesetzt, aber auch seine Rückkehr, die im September desselben Jahres erfolgt sei, noch derselben neunten anstatt der zehnten Indiktion zugewiesen. Es sei erklärlich, daß dieser einmal vorhandene Irrthum bei der für das Todesdatum des Sabas angegebenen falschen Indiktionszahl und noch bei späteren Daten nachwirke. Allein Loofs hat es übersehen, daß nur die von Cotelier beigefügte lateinische Uebersetzung der Vita die Abreise des Sabas in den April der neunten Indiktion verlegt; der griechische Text hat deutlich: περὶ τὸν ἀπρίλλιον μῆνα τῆς ὀγδόης ἰνδικτιόνος (VS p. 341, ebenso Slav p. 401). Dementsprechend schreibt Kyrillos also die Rückkehr des Abtes im September desselben Jahres richtig nicht der achten, sondern der neunten Indiktion zu (VS p. 348).

Man könnte versucht sein, δεκάτης ἰνδικτιόνος (VS p. 353 C) als einen bloßen Schreibfehler in der Handschrift Cotceliers für ἑνδεκάτης ἰνδ. zu betrachten. Dem steht jedoch entgegen, daß δεκάτης auch durch Add und Slav p. 447 und durch die von Henschen benutzte Handschrift[1]) bezeugt wird und daß sich dasselbe Datum in Kyrillos' Vita Iohannis Hesychastae findet[2]). Ferner setzt Kyrillos in der VS nicht bloß bei dem Jahre 532, sondern auch bei allen folgenden, soweit eine Controle möglich ist, die Indiktionszahl um eins zu niedrig an: 1) Sabas bestimmte kurz vor seinem Tode Melitas zu seinem Nachfolger als Hegumenos der großen Laura; dieser amtirte fünf Jahre, und ihm folgte Gelasios „im Anfange der fünfzehnten Indiktion" (VS p. 361 f.). Die fünfzehnte Indiktion währte vom 1. September 536 bis zum 31. August 537; da aber Melitas im Beginn dieser Indiktion das Sabaskloster erst ungefähr vier Jahre geleitet hatte, so ist die erste Indiktion statt der fünfzehnten zu setzen. 2) Justinians Edikt gegen Origenes wird im elften Jahre nach Sabas' Tode, im Februar der fünften Indiktion in Jerusalem publicirt (Add zu VS p. 366, Slav p. 491). Es ist der Februar des Jahres 543, da das elfte Jahr nach dem Hinscheiden des Sabas mit dem 5. Dezember 542 beginnt; in Folge dessen kann es sich nicht um die fünfte, sondern nur um die mit dem 1. September 542 begonnene sechste Indiktion handeln.

---

[1]) Acta SS. Ianuar. II S. 801 b; vgl. Acta SS. Maii III S. XXVII.

[2]) Acta SS. Maii III S. 16*: Ὁ ἐν ἁγίοις πατὴρ ἡμῶν Σάβας ἐν εἰρήνῃ ἐπὶ τῷ αὐτῷ ἐκοιμήθη καὶ ὕπνωσε μηνὶ δεκεμβρίῳ πέμπτῃ, τῆς δεκάτης ἰνδικτιόνος.

3) Kassianos, der vierte Nachfolger des heiligen Sabas, stirbt im sechzehnten Jahre nach dem Tode des letzteren, am 21. Juli der „zehnten" Indiktion[1]). Die erstere Zeitbestimmung weist auf den 21. Juli 548, der jedoch nicht der zehnten, sondern der elften Indiktion angehört. 4) Nach der Vertreibung der origenistischen Bewohner wird die „neue Laura" mit orthodoxen Mönchen bevölkert „am 21. Februar der zweiten Indiktion, im dreiundzwanzigsten Jahre nach Sabas' Tode" (Add zu VS p. 376 und Slav p. 531). Auch hier ist eine Indiktion zu wenig berechnet, da der 21. Februar im dreiundzwanzigsten Jahre nach dem Tode des Sabas der 21. Februar 555, der dritten Indiktion, ist.

Es kann freilich stutzig machen, daß in all diesen Fällen die Unrichtigkeit der Indiktionszählung sich nur an den Angaben der Jahre nach dem Hinscheiden des Sabas erweisen läßt; man könnte vermuthen, der Tod des Abtes sei trotz allen Gründen, die für 532 sprechen, doch in das Jahr 531 zu setzen, so daß die Widersprüche in den soeben mitgetheilten Daten fortfielen. Aber hier kommen uns andere Schriften Kyrills von Skythopolis zu Hülfe, in denen ganz unabhängig von dem Sterbedatum des Sabas dieselbe irrige Indiktionsrechnung in auffälligster Weise wiederkehrt. Nach dem „Leben des heiligen Theodosios" starb nämlich dieser Abt am 11. Januar der siebenten Indiktion, im zweiundzwanzigsten Monate der Regierung Justinians[2]). Diese Daten führen uns übereinstimmend auf den 11. Januar 529. Nun heißt es dort weiter, Theodosios' Nachfolger Sophronios sei nach einer Amtsthätigkeit von vierzehn Jahren und zwei Monaten (also im März 543) am 21. März der fünften Indiktion entschlafen (p. 113). Der 21. März 543 gehört aber der sechsten Indiktion an. — Aehnlich

---

[1]) Add zu VS p. 371. Dasselbe Datum gibt Add zu VS p. 355, wo Kyrillos erzählt, er habe sich bei der Beerdigung des seligen Kassianos ἐπὶ τῆς παρελθούσης δεκάτης ἰνδικτιόνος persönlich davon überzeugt, daß der Leichnam des heiligen Sabas nicht verwest sei. VS p. 355 fehlt δεκάτης. An dieser letzteren Stelle hat auch Slav p. 451: „zehnte Indiktion"; hingegen heißt es an der ersteren p. 513: „am 20. Juli der neunten Indiktion", in der Handschrift No. 638 der Kasan'schen Geistlichen Akademie (aus dem Ssolowezkischen Kloster): „am 20. Juli der zehnten Indiktion" (p. XLI), ebenso im Codex No. 548 der Kaiserlichen Oeffentlichen Bibliothek (p. L), in der Handschrift No. 749 des Sergiewschen Klosters der H. Dreifaltigkeit: „am 20. Juli der ersten Indiktion".

[2]) Vita Theodosii ed. Usener p. 111; vgl. VS p. 339, sowie Add und Slav p. 395, die einige Ergänzungen bieten.

verhält es sich mit der Lebensbeschreibung des Bischofs Johannes Hesychastes, worin Kyrillos Einiges aus seinem eigenen Leben mittheilt und die Begebenheiten nach den Lebensjahren des von ihm hochverehrten Johannes zeitlich bestimmt. Die betreffenden Mittheilungen sind um so lehrreicher, da sie, mit einer Stelle der VS zusammengehalten, uns zeigen, wie weit die falsche Indiktionszählung bei Kyrillos zurückreicht. Johannes war am 8. Januar 454 geboren [1]). In seinem neunzigsten Lebensjahre, im November der sechsten Indiktion, erzählt Kyrillos, verließ ich meine Heimath Skythopolis und kam nach Jerusalem, wo ich der Einweihung der neuen Marienkirche beiwohnte; dann lag ich sechs Monate krank in der Laura des Röhrichts *(τοῦ Καλαμῶνος)* und begab mich im Juli der sechsten Indiktion in das Kloster des Euthymios (p. 20*). Das neunzigste Lebensjahr des Hesychasten Johannes reichte vom 8. Januar 543 bis zum 7. Januar 544. Kyrill reiste also im November 543 nach Jerusalem und betrat im Juli 544 das Euthymioskloster. Beide Ereignisse fallen aber nicht in die sechste, sondern in die siebente Indiktion. Somit begegnet uns auch hier der eigenthümliche Fehler. Und diese völlige Regelmäßigkeit verbietet es offenbar, die falsche Indiktionszahl im Todesdatum des Sabas als einen Schreibfehler zu erklären.

Wir hörten soeben, daß Kyrill, nachdem er im November 543 in Jerusalem eingetroffen war, an der Einweihung der neuerbauten Marienkirche theilgenommen hat. Diese Feier fand jedenfalls im November oder Dezember desselben Jahres statt, da Kyrill während der ersten Hälfte des folgenden Jahres an das Krankenlager gefesselt war. Nun erfahren wir aber aus der VS, daß Sabas bei seiner letzten Anwesenheit in Konstantinopel den Kaiser Justinian um den Ausbau dieser vom Patriarchen Elias begonnenen Kirche gebeten und daß Justinian die Mittel dazu bereitgestellt hat; *καὶ οὕτως τῇ πολυχειρίᾳ καὶ σπουδῇ διὰ δώδεκα χρόνων ᾠκοδομήθη ἡ νέα ἐκκλησία τῆς πανυμνήτου θεοτόκου καὶ παντὶ κόσμῳ διεκοσμήθη* (VS p. 346). Rechnen wir von der Kirchweihe zwölf Jahre zurück, so ergibt sich, daß Sabas im Jahre 531 die Audienz beim Kaiser gehabt hat, daß er also die Reise nach Konstantinopel nicht schon im April der achten Indiktion d. i. 530, wie es in der VS

---

[1]) Vita Ioannis Hesych. p. 16* C: *Ἐγεννήθη, ὡς αὐτός μοι διηγήσατο, κατὰ τὴν ὀγδόην τοῦ Ἰανουαρίου μηνός, τῆς ἑβδόμης ἰνδικτιόνος, τῷ τετάρτῳ ἔτει τῆς Μαρκιανοῦ τοῦ θεοφιλοῦς βασιλείας.*

p. 341 heißt, sondern erst im April der neunten Indiktion angetreten hat. An dieser Stelle begegnet uns demnach zum ersten Male der merkwürdige Irrthum. Die letzte vorhergehende Angabe nach Indiktionsjahren ist das schon erwähnte, völlig gesicherte Todesdatum des Abbas Theodosios, der am 11. Januar der siebenten Indiktion d. i. 529 entschlafen ist.

Das Ergebniß dieser etwas umständlichen, aber unvermeidlichen Untersuchung ist folgendes: 1) In den Schriften Kyrills von Skythopolis ist ein ganz constanter, zum ersten Male im April 531 auftauchender Irrthum in den Indiktionsangaben nachweisbar; Kyrill setzt vom April 531 an die Zahl der Indiktionsjahre um eins zu niedrig an. 2) Da die von Cotelier mitgetheilten Varianten zur Vita Sabae aus Add, womit auch die altslavische Uebersetzung übereinstimmt, genau denselben Irrthum aufweisen, so gewinnen wir dadurch sichere Gewähr für die Echtheit dieser Zusätze. 3) Die Regelmäßigkeit des Fehlers in den oben bezeichneten Fällen, in denen ein beigefügtes zweites Datum die Unrichtigkeit der Indiktion zu beweisen ermöglichte, berechtigt, ja nöthigt uns, auch dort, wo in einer Kyrill'schen Schrift eine Begebenheit aus der Zeit nach dem April 531 nur nach der Indiktion bestimmt wird, denselben Irrthum vorauszusetzen und die Indiktionszahl stets um eins zu erhöhen. — Wie der sonst so correcte Autor zu diesem Mißverständnisse gekommen ist, weiß ich nicht zu erklären.[1]

§ 3.
Die Patriarchenliste von Jerusalem von Anastasios bis auf Eustochios.

Sowohl Papebroch[2] als auch Lequien[3] haben für die Herstellung der Patriarchenliste von Jerusalem die Schriften des

---

[1] Beachtung verdient vielleicht, daß in der Edessenischen Chronik, deren Verfasser ein Zeitgenosse Kyrills von Skythopolis war, die einzige dort vorkommende Angabe der Indiktion eine ähnliche Anormalität aufweist: „Im 13. Jahre der Herrschaft des Justinianos, dem Jahre 850, der II. Indiktion, am 5. Tešrīn ḳedem (October)". Die erste Angabe, deren Richtigkeit durch Prokopios De bello Persico II, 3 und Bar Hebraeus Chron. Syriac. 83, 19 bestätigt wird, fordert den 5. October 539. Dieser gehört aber schon der dritten Indiktion und dem Jahre 851 der selenkidischen Aera an. Vgl. L. Hallier a. a. O. S. 181 f.

[2] D. Papebroch in den Acta SS. Maii III (1680) S. XXII—XXIX.

[3] M. Lequien, Oriens christianus III (1744) S. 164—235.

Kyrillos von Skythopolis, besonders sein Leben des Sabas, als eine Quelle ersten Ranges verwerthet. Soweit nun die Resultate meiner Untersuchungen mit der seit Papebroch und Lequien üblichen Chronologie der Patriarchen von Jerusalem übereinstimmen, verzichte ich auf eine eingehende Begründung. Eine solche muß aber für einige abweichende Daten erfolgen.

Dem Patriarchen Juvenal folgte anfangs Juli 458 Anastasios (VS p. 234. 238, Vita Euth. p. 70); nach neunzehn Jahren des Episkopates starb er anfangs Januar 478 (Vita Euth. p. 86, VS p. 238, vgl. oben S. 10). Sein Nachfolger Martyrios regierte acht Jahre (VS p. 245); er starb am 13. April der neunten Indiktion d. i. 486 [1]). Nach ihm führte Salustios acht Jahre und drei Monate die Regierung; er verschied am 23. Juli 494 (VS p. 262). Ihm folgte Elias, der im August des Jahres 516 verbannt und am 1. September 516 durch Johannes ersetzt wurde (Add zu VS p. 310: τῇ πρώτῃ τοῦ σεπτεμβρίου μηνός, ἀρχῇ τῆς δεκάτης ἰνδικτιόνος, ebenso Slav p. 313).

Fast allgemein setzt man die Verbannung des Patriarchen Elias früher an, gewöhnlich 513, seltener 514 [2]). Ich halte die obige Zeitbestimmung, die uns durch Add und Slav geboten wird, für die richtige.

Sie muß zunächst als ein echter Bestandtheil der VS gelten. Denn 1) außer Add und Slav legen die Acten der siebenten allgemeinen Synode zu Nikaia Zeugniß davon ab. Zwar heißt es in dem griechischen Texte derselben, Johannes sei „am 3. September, im Anfange der elften Indiktion" d. i. 517 zum Patriarchen erhoben worden; aber beide lateinische Uebersetzungen verlegen das Ereigniß in den Anfang der zehnten Indiktion d. i. 516, und zwar die des Anastasius Bibliothecarius auf den 1. September, die des Gybertus Longolius auf den 3. September [3]). Mag man also auch über den 1. oder den 3. September streiten, das Jahr 516 ist durch die Mehrzahl der Handschriften verbürgt. 2) Kyrillos erzählt VS

---

[1]) So Add zu VS p. 245. Slav p. 89 sagt: „am 22. April der zehnten Indiktion"; jedoch hat die Handschrift No. 749 des Sergiew'schen Klosters der H. Dreifaltigkeit: „am 20. April der neunten Indiktion" (p. LIII).

[2]) Für das Jahr 514 entscheiden sich W. Möller in Herzog und Plitt, Realencyklopädie X^2 S. 241 und Joh. Eustratios, Σευῆρος ὁ μονοφυσίτης, πατριάρχης Ἀντιοχείας (Jenaer Diss.). Ἐν Λειψίᾳ 1894 S. 44 Anm. 1.

[3]) Siehe die oben S. 8 Anm. 4 citirten Stellen.

p. 273 f. von den Anfängen der neuen Laura. Sie wurde im 69. Jahre des Sabas d. i. im Jahre 507, und zwar, wie aus der Schilderung der Ereignisse seit den ἐγκαίνια (14. September) des Jahres 506 (VS p. 269 ff.) erhellt, nicht vor dem Mai 507 eingeweiht. Der erste Hegumenos, Johannes, leitete sie sieben Jahre, der zweite, Paulos, sechs Monate, so daß der dritte, Agapetos, nicht früher als im November 514 sein Amt antrat. Agapetos aber nahm wahr, daß sich unter den Mönchen vier heimliche Origenisten befanden, und er wies sie „im Auftrage des Erzbischofs Elias" aus der Laura hinaus. Elias war also gegen Ende des Jahres 514 noch nicht abgesetzt. Es verging vielmehr bis zu seiner Verbannung noch einige Zeit, wie Kyrillos gleich darnach sagt: χρόνου δὲ διαδραμόντος καὶ τοῦ ἀρχιεπισκόπου κατασκευασθέντος, ὡς μικρὸν ὕστερον λεχθήσεται κτλ. (VS p. 274). Diese Darstellung verbietet geradezu, Elias' Absetzung vor 515 zu datieren. 3) Dem Patriarchen Johannes schreiben Add zu VS p. 336 und Slav p. 385 eine Amtsdauer von sieben Jahren und sieben Monaten zu. Da derselbe am 20. April 524 aus dem Leben geschieden ist (Add a. a. O. und Slav p. 387), so muß er im September 516 den Patriarchenstuhl bestiegen haben. 4) Gleichzeitig mit der Verbannung des Erzbischofs Elias, berichtet Kyrillos (VS p. 321 sq.), ward der Himmel verschlossen, so daß fünf Jahre hindurch kein Regen fiel. Zu der Dürre kamen zahllose Heuschreckenschwärme und andere Plagen hinzu, so daß eine schwere Hungersnoth und ein großes Sterben hereinbrach, und die Einwohner von Jerusalem sagten, dies sei die Strafe für den an dem Erzbischof verübten Frevel. Kyrillos geht dann seiner Gewohnheit gemäß in chronologischer Ordnung die Ereignisse der einzelnen Jahre durch und meldet insbesondere, welche Wunder Sabas zur Linderung der Noth gewirkt hat. Dabei schaltet er beim zweiten Jahre der Hungersnoth den Bericht über die Reise des Abtes nach Aila zum Besuche des verbannten Bischofes Elias und über den Tod des letzteren, der am 20. Juli 518 erfolgte, ein (p. 324 ff.) und gedenkt im Anschluß daran der Eintragung der chalkedonischen Synode in die Diptychen zu Jerusalem am 6. August 518, sowie der Reisen durch den Norden Palästinas, auf denen Sabas im Auftrage des Patriarchen Johannes den kaiserlichen Befehl über diese Eintragung allenthalben verkündigte (p. 326 ff.). Als Sabas zurückkehrte, herrschte die Hungersnoth noch (p. 331: ἐν τῇ παρρύση μάλιστα λιμῷ); man stand, wenn die durch Add und Slav gelieferte Datirung richtig ist, damals im dritten Jahre derselben. Dem entspricht es, wenn Kyrillos bald darnach eine Begebenheit erwähnt, die ἤδη τοῦ τετάρτου τῆς ἀβροχίας χρόνον πληρουμένον (p. 333) stattgefunden habe, und endlich eine lebhafte Schilderung von einem Regenwunder entwirft, das die Einwohner von Jerusalem „wenige Tage" später (p. 334) τῷ πέμπτῳ ἔτει τῆς λιμοῦ ἀρχομένῳ, und zwar am 4. September, dem Gebete des Sabas verdankten (p. 334 ff.). Es ergibt sich also aus der chronologischen Anordnung des Stoffes in der VS, daß die fünf Jahre der Dürre nicht, wie man aus Kyrills Worten herausgelesen hat, mit dem Tode des Expatriarchen Elias zu Ende gegangen sind, so daß Elias' Verbannung in das Jahr 513 zu setzen wäre. Elias starb vielmehr gegen Ende des zweiten oder zu Beginn des dritten Jahres der Dürre; diese hatte im Sommer 516 begonnen, und damals war Elias ins Exil geschickt worden.

Darüber kann also kein Zweifel bestehen, daß die Angabe, Johannes habe am 1. (3.) September 516 an Stelle des abgesetzten Patriarchen Elias den erzbischöflichen Stuhl von Jerusalem bestiegen, in die Chronologie der Vita Sabae hineinpaßt und auf äußere und innere Gründe hin als ein echter Bestandtheil derselben gelten muß. Tritt aber Kyrillos von Skythopolis, der gewissenhafte Historiker und vorzügliche Kenner der palästinensischen Geschichte, dafür ein, so ist das eine nicht zu unterschätzende Gewähr für ihre Richtigkeit.

Aber läßt sie sich auch mit dem, was wir über die Veranlassung zu Elias' Absetzung wissen, vereinigen? Da dieses Ereigniß mit Berufung auf die VS und andere Quellen schon in das Jahr 513 oder 514 gesetzt zu werden pflegt, so dürfen wir die Frage nicht umgehen. Es ist nöthig, etwas weiter auszuholen.

Die anfänglich maßvolle Kirchenpolitik des monophysitischen Kaisers Anastasios (491—518) machte bald nach der glücklichen Beendigung des Perserkrieges im Jahre 506 eine Wendung zur entschiedenen Begünstigung des Monophysitismus [und zur Bekämpfung der dogmatischen Beschlüsse von Chalkedon [1]). Der

---

[1]) Am besten hat in Anschluß an H. Gelzer (Josua Stylites und die damaligen kirchlichen Parteien des Ostens: Byzantinische Zeitschrift I (1892) S. 34—49) Joh. Eustratios a. a. O. S. 24—49 die religionspolitischen Ereignisse dieser letzten Periode der Regierung Anastasios' dargestellt.

Kaiser ließ sich durch seine monophysitischen Rathgeber zum Vorgehen wider die orthodoxen Patriarchen Makedonios von Konstantinopel, Flavian von Antiochien und Elias von Jerusalem aufstacheln. Alle drei hatten das gläubige Volk ihrer Metropolen auf ihrer Seite, und zumal war Elias durch die Einmüthigkeit der Bischöfe und die zahlreichen Mönche Palästinas gedeckt. Offene Gewalt wurde deshalb vermieden, aber durch List und durch Täuschung des Volkes erreichten die Gegner allmählich ihr Ziel.

Das erste Opfer dieser Intriguen war der Bischof der Reichshauptstadt. Er ließ sich, nachdem er sich wenigstens während der letzten Jahre als eine Säule der Orthodoxie bewährt hatte, zu der Unvorsichtigkeit verleiten, dem Kaiser eine Denkschrift zu überreichen, worin er die erste und die zweite Synode anzunehmen erklärte, von der ephesinischen und chalkedonischen aber schwieg, m. a. W. sich auf den Standpunkt des von ihm jedenfalls im rechtgläubigen Sinne interpretirten Henotikons vom Jahre 482 stellte. Diese Erklärung wurde auf Befehl des Kaisers in den Kreisen der Orthodoxen verbreitet, sie gereichte dem Klerus und den Mönchen zum großen Aergerniß und veranlaßte sie, sich von Makedonios abzuwenden, so daß der Kaiser ihn jetzt schleunigst, bevor er sich rechtfertigen konnte, ins Exil schickte (am Sonntag, dem 7. August 511) und den Monophysiten Timotheos an seine Stelle setzte [1].

---

[1] Theophanis Chronographia ed. de Boor I S. 155; Evagrii Historia ecclesiastica III, 31 ed. Migne Patrol. gr. 86, 2, 2661 CD (aus dem c. 514 geschriebenen Briefe der orthodoxen Mönche Palästinas an Alkison, Bischof von Nikopolis). Die oben gegebene Darstellung des Vorganges ist nicht zweifellos richtig. Aber auch ein anderer, monophysitischer, den Patriarchen Makedonios geradezu als Nestorianer anklagender Bericht, der übrigens mit sehr genauen Zeitangaben versehen ist, kann wohl nicht als zuverlässig betrachtet werden. Wahrscheinlich sind beide stark gefärbt. Vgl. H. G. Kleyn, Jacobus Baradaeüs, de stichter der syrische monophysietische kerk. Leiden 1882. S. 19—21. — Der genannte monophysitische Bericht findet sich in dem „Briefe des Presbyters Simeon und der Klosterbrüder aus dem Osten bei ihm, die sich damals in der Hauptstadt befanden und an Samuel, ihren Archimandriten, schrieben", in der syrischen Historia miscella, die als die „Kirchengeschichte" des Zacharias Rhetor bezeichnet zu werden pflegt, Buch VII, 8 ed. Ahrens-Krüger S. 121—128. In Folge der liebenswürdigen Zuvorkommenheit des Herrn Professor D. G. Krüger konnte ich die Aushängebogen dieser noch im Druck befindlichen Ausgabe (einer von K. Ahrens hergestellten, von G. Krüger für den Druck vorbereiteten deutschen Uebersetzung) benutzen. Auch durch einige werthvolle

Gegen Flavian ging man kühner vor. Auch dieser hatte auf das Drängen der monophysitischen Partei dem Kaiser ein dem Henotikon conformes und dazu noch ausdrücklich Diodoros und Theodoros von Mopsuestia verurtheilendes Bekenntniß überreicht (508/9) und bald darauf sogar die Erklärung abgegeben, er nehme die Synode von Chalkedon an, insofern sie Nestorios und Eutyches verurtheilt, nicht jedoch, insofern sie den Glauben definirt habe¹). Aber Anastasios verlangte offene und vollständige Verwerfung der chalkedonischen Synode. Um den Widerstand Flavians zu brechen und auch auf den Patriarchen Elias, der sich minder entgegenkommend gezeigt und in seiner (c. 509) an den Kaiser gerichteten ἔκθεσις πίστεως eine Verurtheilung des Diodoros und Theodoros und der Synode von Chalkedon abgelehnt hatte²), einen kräftigen Druck auszuüben, ließ der Kaiser im Winter 511/12 eine Synode zu Sidon halten. Diese hatte jedoch den ersehnten Erfolg nicht. Weshalb der Kaiser sie vorzeitig auflöste, ist nicht recht klar. Die Patriarchen richteten von Sidon aus conciliante Schreiben an ihn, worin sie sich in einer seinen Wünschen jedenfalls sehr nahekommenden Weise über ihre Stellung zur Synode von Chalkedon äußerten. Einen Satz aus dem Briefe des Elias hat uns Kyrillos von Skythopolis aufbewahrt: „Jede Häresie, die irgend eine Neuerung wider den orthodoxen Glauben einführt, verwerfen wir und lassen auch das, was zu Chalkedon verhandelt worden ist, wegen der über diese Synode entstandenen Aergernisse nicht zu" (VS p. 300). Elias erklärte sich also, und ebenso wird Flavian geschrieben haben, bereit, um des kirchlichen Friedens willen die Synode, ohne sie ausdrücklich zu anathematisiren, ganz und gar fallen zu lassen. Wie Kyrillos behauptet, sandten die beiden Bischöfe diese Briefe während der Synode an den Kaiser, so daß er sich dadurch bestechen ließ, dieselbe aufzulösen. Wahrscheinlicher klingt es, wenn Theophanes berichtet, daß sie erst nach dem Schluß der Synode auf das Verlangen des kaiserlichen Commissars Eutropios an Anastasios geschrieben haben. Die Veran-

---

Winke für diesen Theil meiner Arbeit hat Herr Professor Krüger mich zu großem Danke verpflichtet.

¹) Brief der palästinensischen Mönche bei Evagrios a. a. O. Sp. 2261 B.

²) Vgl. C. de Boor, Analecten zu Theodorus Lector: Zeitschrift für Kirchengeschichte VI (1884—1885) S. 573—577; J. Eustratios a. a. O. S. 32 f.

lassung zur Auflösung mag dann die Erkenntniß gewesen sein, daß die Synode bei dem großen Einflusse Flavians für die Monophysiten nur ein ungünstiges Ergebniß haben werde¹).

Durch den Mißerfolg gereizt, ließ jetzt der Kaiser schärfere Maßregeln gegen Flavian ergreifen. Diese führten zum Ziele. Dem Zwange weichend ließ er sich herbei, die Synode von Chalkedon wirklich zu anathematisiren. Aber die Nachgiebigkeit nützte ihm nicht mehr: Er stieß seinen orthodoxen Anhang dadurch ab; den Monophysiten aber blieb das erzwungene Anathem verdächtig; und so traf auch ihn Absetzung und Verbannung²). Der Monophysit Severos bestieg statt seiner am 6. November 512 den Stuhl von Antiochien³).

In Palästina war im Gegensatze zu Syrien die Zahl und der Einfluß der Monophysiten sehr gering. Elias wurde deshalb länger als Flavian unbehelligt gelassen. Aber an Zwischenfällen, die zu seiner Entsetzung eine Handhabe bieten konnten, fehlte es in jener erregten Zeit nicht. Als Severos auf einer antiochenischen Synode geweiht worden war, sandte er auch Elias seine συνοδικά mit der Aufforderung, mit ihm in kirchliche Gemeinschaft zu treten. Der Bischof von Jerusalem weigerte sich dessen. Auf Antrieb des Kaisers schickte ihm Severos im Mai 513 das Schreiben zum zweiten Male; er ließ es durch einige Cleriker, denen kaiserliche Miliz beigegeben worden war, überbringen. Elias weigerte sich abermals, es anzunehmen. Sabas eilte mit den anderen Aebten der Wüste und mit allen Mönchen nach Jerusalem, jagte die Boten des Severos aus der heiligen Stadt, die ganze Schaar versammelte sich mit den Bewohnern von Jerusalem vor der Grabeskirche und alle schrieen mit lauter Stimme: „Anathema dem Severos und denen, die mit ihm communiciren!", so daß die Beamten, Befehlshaber und Soldaten, die vom Kaiser geschickt worden waren, es noch hörten⁴). Ueber die dann folgenden Ereignisse bis zur Ver-

---

¹) J. Eustratios a. a. O. S. 36 f. Die Darstellung bei Zacharias Rhetor VII, 10 S. 130 f. ed. Ahrens-Krüger macht diesen Gang der Dinge wahrscheinlich.

²) VS p. 308; Theophanes I S. 156; vgl. Eustratios S. 38 f.

³) A. v. Gutschmid, Verzeichniß der Patriarchen von Alexandrien: Kleine Schriften von A. v. G., herausg. von Fr. Rühl. II. Leipzig 1890. S. 458.

⁴) VS p. 308; Brief der palästinensischen Mönche bei Evagrios III, 33 a. a. O. Sp. 2669 B.

bannung des Patriarchen berichtet nur Kyrillos von Skythopolis, und zwar mit wenigen Worten. Da Elias standhaft blieb und die Gemeinschaft mit Severos zurückwies, entsandte der Kaiser den Dux Palaestinae Olympios, um Elias zu entfernen, und gab ihm jenen Brief mit, den der Bischof von Sidon aus an den Kaiser gerichtet hatte. Wirklich gelang es Olympios, der mit militärischer Bedeckung eintraf, durch viele Anschläge und Ränke, sowie durch die Veröffentlichung des genannten Briefes, Elias abzusetzen und nach Aïla zu exiliren [1]).

Dies ist alles, was uns Kyrillos mittheilt — gewiß sehr wenig für die lange Zeit vom Mai 513 bis zum Sommer 516. Es läßt sich nicht leugnen, daß die Annahme, Elias sei im Jahre 514 abgesetzt worden, dieser Schilderung besser zu entsprechen scheint. Indessen ein sicheres Indicium gegen die so gut bezeugte Datirung seiner Vertreibung liegt nicht darin. Die vielen Versuche, die gemacht wurden, ihn umzustimmen oder durch eine Intrigue zu verderben, können sich recht gut über den Zeitraum von drei Jahren erstreckt haben. Kyrillos schreibt ja auch nicht die Geschichte jener Zeit, sondern die Geschichte des Sabas, wobei er die Zeitereignisse nur insoweit berührt, als sein Held in dieselben eingegriffen hat.

Er übergeht z. B. vollständig die Synode von Tyros. Dieses große orientalische Concil, dessen Seele und geistiger Leiter Severos von Antiochien war, brachte endlich die ersehnte Synodalsentenz gegen das Glaubensdecret von Chalkedon. Die versammelten Bischöfe interpretirten mit Severos das Henotikon dahin, daß es direct die Aufhebung der Beschlüsse von Chalkedon bezwecke, und sie anathematisirten demgemäß diese Beschlüsse über den Glauben und den dogmatischen Brief Leos. Elias von Jerusalem war zu Tyros nicht anwesend. Aber die monophysitische Quelle, der wir diese Angaben entnehmen [2]), versichert, er habe sich den Entscheidungen der Synode angeschlossen. Daß er klipp und klar zugestimmt hat, ist nach seiner bisherigen Bekenntnißtreue und

---

[1]) VS p. 310: καὶ πολλοῖς τρόποις καὶ μηχανήμασι χρησάμενος (καὶ τὴν εἰρημένην ἐπιστολὴν ἐμφανισάμενος Add, ebenso Slav p. 811) Ἠλίαν μὲν τῆς ἐπισκοπῆς ἐξέωσε καὶ εἰς τὸν Ἀϊλὰν περιώρισεν.

[2]) Zacharias Rhetor, Kirchengeschichte VII, 10. 12 ed. Ahrens-Krüger S. 131 f. 134—136.

wegen seiner bald folgenden Absetzung nicht wohl zu glauben¹). Aber er mag wieder um des lieben Friedens willen die οἰκονομία haben walten lassen und durch neue Zugeständnisse auf kurze Zeit seine Stellung gerettet haben.

Dieselbe monophysitische Quelle fügt bei, daß der Patriarch „nichtsdestoweniger kurze Zeit darauf vertrieben" worden sei (S. 135, 34 f.). Leider ist der Zeitpunkt der Synode von Tyros nicht genau bekannt, so daß diese Bemerkung keinen sicheren Anhalt für unsere Chronologie gewährt. Zacharias Rhetor begnügt sich mit der Angabe, daß die Synode nach der Einsetzung des Severos von Antiochien („nachher") stattfand (S. 131, 31). Der Umstand, daß er gleich nach der Synode von Tyros von einem Ereignisse des Jahres 824 der Griechen (d. i. 512/13 unserer Zeitrechnung) spricht (VII, 13 S. 136), darf nicht zu einer irrigen Folgerung verleiten, da hier ein Versehen vorliegt: Das betreffende Ereigniß, der Tod der Kaiserin Ariadne, ist erst im Jahre 515 eingetreten²). Demgemäß scheint Zacharias Rhetor für die Synode von Tyros die Zeit vom 6. November 512 bis zum Sommer 515 offen zu lassen. Ein bestimmtes Datum für die Synode: das Jahr 826 der Griechen (= 514/15) findet sich in dem dritten Buche der dem Dionysios von Tell-Maḥrē († 845) zugeschriebenen Chronik³), welches, wie F. Nau jüngst mit guten Gründen gezeigt hat⁴), wahrscheinlich nur eine Abschrift des zweiten Buches der Kirchengeschichte des Johannes von Asia († 585) ist. Dieses Datum ist, wie aus dem Gesagten erhellt, mit den Angaben bei Zacharias Rhetor und bei Kyrillos von Skythopolis aufs Beste zu vereinigen. Man hat es zwar bisher allgemein als unrichtig abgelehnt und die Synode von Tyros in das Jahr 513 verlegt, erstens weil Elias

---

¹) Nach Eustratios S. 45 Anm. 1 steht diese Behauptung unserer Quelle im geraden Gegensatze zur historischen Wahrheit.

²) Vgl. H. F. Clinton, Fasti Romani I. Oxford 1845. S. 732.

³) Die betreffende Stelle findet sich bei J. S. Assemani, Bibliotheca Orientalis II. Romae 1721 S. 19. Vgl. F. Nau, Analyse de la seconde partie inédite de l'Histoire ecclésiastique de Jean d'Asie, patriarche Jacobite de Constantinople († 585): Revue de l'Orient chrétien II (1897) S. 466.

⁴) Von den zahlreichen Artikeln F. Nau's über diesen Gegenstand kommt außer dem in der vorigen Note genannten besonders in Betracht: Étude sur les parties inédites de la chronique ecclésiastique attribuée à Denys de Tellmahré († 845): Revue de l'Orient chrétien II (1897) S. 41–68. Vgl. G. Krüger im Theologischen Jahresbericht 1897 S. 220.

von Jerusalem schon im Jahre 513 oder 514 abgesetzt worden sei, und zweitens wegen der sonstigen großen Unzuverlässigkeit des angeblichen Dionysios von Tell-Mahre [1]). Allein die Richtigkeit der ersteren Voraussetzung bedarf selber gar sehr des Beweises, so daß keine Folgerungen darauf zu bauen sind. Die Ungenauigkeit des Dionysios scheint aber gerade in dem betreffenden Abschnitte minder groß zu sein, da die unmittelbar vorhergehende Zeitangabe für die Synode von Sidon und die unmittelbar folgenden Daten richtig sind [2]).

Es scheint demnach, daß das Jahr 826 der Griechen (vom 1. October 514 bis zum 30. September 515) als die Zeit der Synode von Tyros festgehalten werden darf, und daß somit, wenn Zacharias Rhetor berichtet, Elias von Jerusalem sei kurze Zeit nach seiner Zustimmung zu den Beschlüssen dieser Synode vertrieben worden, die Absetzung des Patriarchen auch diesem Berichte zufolge frühestens im Jahre 515 stattgefunden hat.

Doch dem sei wie immer; daß Kyrillos von Skythopolis die wichtige Synode von Tyros vollständig übergangen hat, ist jedenfalls eine Mahnung für uns, den Zeitraum zwischen dem Mai 513 und der Absetzung des Erzbischofes Elias nicht allzu enge zu fassen. Ihn auf drei Jahre zu bestimmen, verbietet der Gang der damaligen Ereignisse keineswegs.

Als ein zuverlässiger Berichterstatter über die Ereignisse aus den ersten Decennien des 6. Jahrhunderts wird der lateinische Chronist Marcellinus Comes geschätzt. Zum Jahre 512 verzeichnet er die Verbannung des Bischofs Flavian von Antiochien und fügt bei, daß er am Orte des Exils gestorben sei [3]). Die Absetzung des Patriarchen Elias meldet er erst zum Jahre 516: „Helias Hierosolymitanae urbis episcopus in villa quae Haila dicitur ab eodem principe relegatus emoritur" [4]). Wie ist der Satz zu deuten? Genau genommen besagt er entweder, daß die Verbannung und der Tod des Bischofs in das Jahr 516 fallen, oder daß der schon früher verbannte Bischof in diesem Jahre verschieden sei. Beides

---

[1]) Assemani a. a. O., Gelzer S. 44, Eustratios S. 45 f., Hallier S. 24 Anm. 5.

[2]) Vgl. F. Nau, Analyse a. a. O. S. 466 f.

[3]) Marcellini Com. Chronicon ed. Th. Mommsen (Monum. Germ. hist. Auct. antiquiss. XI. Berolini 1894) S. 98.

[4]) A. a. O. S. 99.

entspricht nicht der Wirklichkeit. Wir haben also die Wahl zwischen der Annahme einer historischen Unrichtigkeit oder einer grammatischen Incorrectheit, und ich glaube, daß man sich für die letztere entscheiden darf. Ganz analog der Nachricht über Flavian erzählt Marcellinus Comes, daß Elias im Jahre 516 verbannt worden und daß er am Orte der Verbannung gestorben sei. Wann sein Tod erfolgt ist, interessirt den Chronisten weniger, und er spricht sich deshalb bei Elias ebensowenig wie bei Flavian darüber aus. Die Richtigkeit dieser Erklärung vorausgesetzt, dürfen wir Marcellinus als einen weiteren Zeugen für die Datirung des Kyrillos von Skythopolis nennen.

Victor von Tunnuna gibt die völlig unrichtige Nachricht, Elias sei im Jahre 509 exilirt worden [1]. Es ist aber bemerkenswerth, daß er einen Brief der orthodoxen Klosteroberen und Mönche Palästinas an den Kaiser Anastasios, der laut VS p. 313 bald nach der Einsetzung des neuen Patriarchen Johannes, also Ende 516, geschrieben worden ist, in das Jahr 516 verlegt [2].

Vermeintlich sichere Beweise dafür, daß der Erzbischof Elias im Jahre 513 in die Verbannung gewandert ist, hat man in einigen Verzeichnissen der Patriarchen von Jerusalem gefunden. Unter diesen Listen ist nach v. Gutschmid's Urtheil die in der Chronik des Patriarchen Eutychios von Alexandrien (938) befindliche „auch für die vormoslemische Zeit die relativ beste von allen uns erhaltenen" [3]. Eutychios verlegt Elias' Absetzung ausdrücklich in das 23. Jahr des Kaisers Anastasios, in den Sommer 513 [4]. Allein diese Berechnung ist nur aus einer falschen Auffassung der VS, die dem Eutychios an dieser Stelle als Vorlage gedient hat, hervorgegangen. Der Annalist setzt nämlich voraus, daß die fünf Jahre der Dürre, die gleichzeitig mit der Absetzung des Erzbischofes begannen und als Strafe für dieselbe aufgefaßt wurden, mit seinem Tode im Exil am 20. Juli 518 zu Ende gingen. Das entspricht aber, wie wir gesehen haben, nicht der Darstellung des

---

[1] Victoris Tonnennensis Chronica ed. Mommsen a. a. O. S. 194.

[2] A. a. O. S. 195: Universi archimandritae et monachi heremi trans Palaestinam et Iordanem fluvium Anastasio imperatori scribunt pro statu Calchedonensis synodi et adversum impietates Severi Antiocheni episcopi.

[3] A. v. Gutschmid, Verzeichniß der Patriarchen von Alexandrien S. 412 Anm. 1.

[4] Eutychii Annales ed. Migne Patrol. gr. 111, 1067 C.

Kyrillos, die wir ohne Frage über das Zeugniß des späten Benutzers setzen müssen.

Ein anderes Verzeichniß der Patriarchen von Jerusalem, nicht mit Unrecht das konstantinopolitanische genannt, findet sich wenigstens für die hier in Betracht kommende Zeit gleichlautend beim Patriarchen Nikephoros von Byzanz [1]), bei Theophanes [2]), im *Χρονογραφεῖον σύντομον* [3]) und in den von G. Grosch untersuchten Codd. Coislin. 120 und 368 [4]). Diese Liste legt Johannes, dem Nachfolger des Elias, elf Amtsjahre zu. Da Johannes am 20. April 524 gestorben ist, so scheint Elias im Jahre 513 abgesetzt worden zu sein. Man hat in der That so argumentirt. Mit größerem Rechte jedoch geht man von den für die vorhergehenden Patriarchen gegebenen Zahlen aus. Die Liste berechnet für Anastasios 18 (statt 19, vgl. oben S. 16), für Martyrios 8, für Salustios 8, für Elias 23 Jahre — Zahlen, die, wenn der Fehler bei Anastasios verbessert wird, genau mit denen des Kyrillos von Skythopolis übereinstimmen und bis zum Jahre 516 führen. Bei den folgenden Patriarchen bietet diese Liste, wie sich zeigen wird, starke Unrichtigkeiten.

Ferner stützt man sich auf die Chronographie des Theophanes, der die Vertreibung des Elias und die Weihe des Johannes von Jerusalem in das Jahr 6004 (511/12 n. Chr.) setzt [5]). Allein Theophanes ist an dieser Stelle nicht zuverlässig. Seine Quelle, die wir noch besitzen und deren Bericht er fast wörtlich herübergenommen hat, die *Ἐκλογαὶ ἀπὸ ἱστορίας ἐκκλησιαστικῆς* [6]), gedenkt der Absetzung des Elias, ohne eine Zeitbestimmung beizufügen, unmittelbar vor dem Tode des Kaisers Anastasios (9. Juli 518). Theophanes hat die Erzählung willkürlich so früh angesetzt [7]).

---

[1]) Nicephori Chronographicon syntomon ed. de Boor S. 125.

[2]) Theophanis Chronographia ed. de Boor I S. 154—243.

[3]) Bei A. Schoene, Eusebi Chronicorum libri duo I. App. S. 28.

[4]) G. Grosch, De codice Coisliniano 120. Dissertatio chronologica. Jenae 1886. S. 3.

[5]) Theophanis Chronographia ed. de Boor I S. 156.

[6]) Ed. J. A. Cramer, Anecdota graeca e codd. manuscriptis Bibliothecae Regiae Parisiensis II. Oxonii 1839. S. 108.

[7]) Ein anderes Beispiel willkürlicher Datirung bei Theophanes siehe unten S. 31 Anm. 2.

Wir dürfen nach alledem die uns durch Add und Slav gebotene Zeitangabe für die Absetzung des Elias und die Erhebung des Johannes als durchaus zuverlässig betrachten. Sie ist handschriftlich gut bezeugt, stimmt vollkommen zu dem übrigen Inhalte der VS, findet in einigen anderen Quellenschriften eine Stütze und begegnet keinem wirklich begründeten Bedenken.

Johannes war Patriarch vom 1. (3.) September 516 bis zu seinem Tode, der am 20. April 524 eintrat (Add zu VS p. 336 und Slav p. 387). In Cotelier's Text wird die Dauer seines Episcopates auf sieben Jahre und neun Monate bestimmt, Add und Slav geben sie richtiger auf sieben Jahre und sieben Monate an. Auf Johannes folgte Petros, aus Eleutheropolis gebürtig, der anfangs October 552 starb und zunächst in dem Origenisten Makarios, der nach zwei Monaten auf Befehl des Kaisers abgesetzt wurde, sodann in Eustochios einen Nachfolger erhielt.

Auch diese letzteren Zeitbestimmungen bedürfen des Beweises. Die gewöhnliche Annahme geht nämlich dahin, daß Petros acht Jahre vor dem eben bezeichneten Termine, im Jahre 544 gestorben ist. Ob Makarios zwei Monate oder zwei Jahre oder länger den Stuhl von Jerusalem eingenommen hat, darüber ist man verschiedener Meinung. In Folge dessen wird auch die Amtsdauer des Eustochios verschieden berechnet. Das Jahr 563 oder 564 wird aber wieder fast allgemein als dasjenige betrachtet, in welchem Eustochios vertrieben und Makarios aufs Neue eingesetzt wurde.

Der zeitgenössische Chronist Victor von Tunnuna (er starb um 569, seine Chronik reicht bis 567) bezeichnet ausdrücklich das Jahr 544 als Petros' Todesjahr[1]. Dazu stimmt anscheinend, daß die vorhin genannte „konstantinopolitanische" Patriarchenliste dem Petros zwanzig Jahre gibt[2]; er war nämlich seinem Vorgänger Johannes, ohne daß eine längere Vakanz eintrat, sofort gefolgt. Diese Zeugnisse haben den Ausschlag dafür gegeben, 544 als das Endjahr des Patriarchen Petros festzusetzen. Zwar hat Lequien wohl gesehen, daß Kyrillos von Skythopolis dem widerspricht: „Palam est eius (Petri) mortem differri a Cyrillo saltem usque ad annum 548"[3]. Die dem Tode des Bischofs, von dem VS p. 373

---

[1] Victoris Chronica ed. Mommsen S. 201.
[2] An den oben S. 26 Anm. 1—4 citirten Stellen (Theophanes S. 225 ff.).
[3] M. Lequien, Oriens christianus III Sp. 203.

meldet, vorhergehenden Begebenheiten lassen sich nämlich sonst gar nicht unterbringen. Trotzdem hat Lequien den eben genannten Nachrichten den Vorzug gegeben. Usener hat hingegen Kyrillos Vertrauen geschenkt und das Jahr 547 mit Berufung auf VS p. 373 als den Endpunkt von Petros' Regierung bezeichnet[1]). Allerdings ist das Jahr 547 nicht das richtige; aber der methodische Gesichtspunkt, daß der in der Nähe von Jerusalem lebende, wenige Jahre später (557) schreibende, als gewissenhafter Berichterstatter anerkannte Kyrillos hier an erster Stelle zu berücksichtigen ist, muß entschieden gebilligt werden.

Kyrillos versichert, daß der Abt Konon „im Beginn der fünfzehnten Indiktion" nach Konstantinopel abgereist und daß Petros kurz darauf (ὀλίγων διελθουσῶν ἡμερῶν) gestorben ist[2]). Der Beginn der fünfzehnten Indiktion ist der September 551; wir müssen aber wegen des in § 2 nachgewiesenen Fehlers in der Indiktionszählung den September 552 dafür setzen. Petros starb also im September oder October jenes Jahres. Daß es wohl im Anfang October war, ist aus der „Geistlichen Wiese" des Johannes Moschos zu erschließen, wo es im 127. Capitel heißt, der Erzbischof Petros von Jerusalem sei sechs Monate nach Ostern aus dem Leben geschieden[3]). Im Jahre 552 fiel Ostern auf den 31. März, so daß wir das Ableben des Bischofes in den Anfang des Monats October zu verlegen haben. Die Origenisten in Palästina erhoben damals, wie Kyrillos von Skythopolis weiter erzählt (VS p. 373 sq.), einen der ihrigen, Makarios, auf den Patriarchenstuhl. Die Nachricht von diesem eigenmächtigen Verfahren und die Kunde von den dadurch veranlaßten Tumulten in Jerusalem erregten den Zorn des Kaisers, so daß er die Absetzung des Makarios verfügte und den in Konstantinopel anwesenden alexandrinischen Presbyter Eustochios an seiner Statt ernannte. Makarios kann hiernach nicht länger als zwei Monate im Besitze der Patriarchenwürde gewesen, und Eustochios wird ihm im Dezember 552 gefolgt sein.

---

[1]) H. Usener, Der heilige Theodosios S. 187 f. 208.

[2]) VS p. 373. Die Zeitangabe ἐν ἀρχῇ τῆς πεντεκαιδεκάτης ἰνδικτιόνος verdanken wir Add und Slav. Zwar gibt die von Pomjalovskij zum Abdruck gebrachte Haupthandschrift den Anfang der fünften Indiktion an (p. 521); aber die übrigen Codices lesen durchweg, wie Add, fünfzehnte Indiktion (vgl. p. CXXVII).

[3]) Ed. Migne Patrol. gr. 87, 3, 2988 f.

Diese Daten stehen mit den übrigen Zeitangaben der VS im besten Einklang. Das letzte genaue Datum, das vorhergeht, ist der 20. Juli 548, der Todestag des Abtes der größten Laura, Kassianos[1]). Ihm folgte Konon in der Leitung des Sabasklosters. Wenn nun auch die VS über dessen Thätigkeit bis zu seiner Reise nach Byzanz im September 552 nur wenige Einzelheiten berichtet, so ist doch die Schilderung, die sie von seinen außerordentlichen Erfolgen entwirft, derartig, daß auch eine Zwischenzeit von vier Jahren durch seine Arbeiten gut ausgefüllt sein kann[2]).

Auf der anderen Seite sind die für das Jahr 544 als das Todesjahr des Petros geltend gemachten Gründe nichts weniger als durchschlagend. Was Victor von Tunnuna betrifft, so ist seine Unzuverlässigkeit allbekannt. A. v. Gutschmid charakterisirt ihn als einen Chronisten, „dessen Sorglosigkeit so arg ist, daß es selbst in Betreff von Ereignissen, deren Zeitgenosse er ist, schon als ein günstiger Ausnahmefall gelten muß, wenn er sich in der Zeitbestimmung nur um drei Jahre versehen hat"[3]). Ich lege deswegen auch kein besonderes Gewicht darauf, daß er in Uebereinstimmung mit der VS die Erhebung des Eustochios in das Jahr 552 verlegt[4]).

Die gleichfalls angerufene Patriarchenliste des Nikephoros, Theophanes, des $Χρονογραφεῖον$ $σύντομον$ und der Codices Coisliniani 120 et 368 ist an dieser Stelle ganz fehlerhaft. Während nämlich, wie wir sahen, die für Elias angegebenen dreiundzwanzig Jahre uns bis zum Jahre 516 führen, wird Johannes eine Amtsdauer von elf Jahren beigelegt. Petros soll sodann zwanzig Jahre regiert haben, Makarios zwei, Eustochios eins, Makarios wiederum vier Jahre. Nun ist Makarios wahrscheinlich nicht vor dem Ende des Jahres 574 gestorben[5]). Die Liste berechnet also von 516 bis 574 nur 38 statt 58 Jahre und darf somit keinen Glauben beanspruchen. Um die Fehler zu verbessern, hat Papebroch, allerdings an 544 als dem Todesjahre des Petros festhaltend, vorgeschlagen, für Makarios statt zweier Jahre zwei Monate anzu-

---

[1]) Vgl. oben S. 13.
[2]) Vgl. unten § 6.
[3]) A. v. Gutschmid a. a. O. S. 408.
[4]) Victoris Chronica ed. Mommsen S. 203 (zum Jahre 552): Macarius Hierosolymitanus episcopus eicitur et eo superstite Eustochius ordinatur.
[5]) Vgl Evagrii Histor. eccles V, 16 ed. Migne Patrol. gr. 86, 2, 2825A.

setzen (October und November 544) und für Eustochios nicht ein, sondern elf Jahre in Anschlag zu bringen und demgemäß seine Absetzung in das Jahr 556 zu verlegen [1]). Lequien nimmt diesen Emendationsversuch nur in seinem ersten Theile an und hält im Uebrigen an der Nachricht Victors von Tunnuna fest, daß Eustochios den Patriarchenstuhl bis 563 (also nach Lequien's Rechnung neunzehn Jahre lang) innegehabt habe[2]). Mir scheint gleichfalls der Vorschlag, „zwei Monate" für Makarios anzusetzen, sehr glücklich zu sein. Er entspricht dem oben erwähnten Berichte des Kyrillos vollkommen. Auch aus der Kirchengeschichte des Evagrios läßt er sich begründen. Denn wenn hier hervorgehoben wird, daß Makarios als Origenist gegolten und den Stuhl von Jerusalem bestiegen habe, bevor der Kaiser seine Zustimmung gegeben hatte, und wenn in diesem Zusammenhange seine Absetzung gemeldet wird [3]), so ist, wie mir scheint, nur die Deutung zulässig, daß die Absetzung sofort erfolgt ist, nachdem der Kaiser von den Vorgängen in Jerusalem Kenntniß erhalten hatte.

Aber ebenso sehr trifft der Vorschlag, für Eustochios elf ($ια'$) Jahre statt eines einzigen ($α'$) zu berechnen, das Richtige, wenn Petros, wie Kyrillos von Skythopolis versichert, von 524 bis 552, also achtundzwanzig ($κη'$) statt zwanzig ($κ'$) Jahre, und Eustochios seit Ende 552 (bis 563 oder 564) die Patriarchenwürde bekleidet hat. Wir hörten bereits, daß auch Victor von Tunnuna die Einsetzung des Eustochios in das Jahr 552 verlegt. Dasselbe ergibt sich aus einer Aeußerung des Anastasios Sinaites: Eustochios sei nicht persönlich auf der fünften ökumenischen Synode (553) zugegen gewesen, da er, nach der Absetzung des Makarios zum Patriarchen befördert, sich nach Jerusalem begeben und Stellvertreter zum Concil entsandt habe [4]). Nur dann wird mit diesen

---

[1]) Acta SS. Maii III S. XXIX AB.

[2]) M. Lequien, Oriens christianus III Sp. 235. Victoris Chronica ed. Mommsen S. 205 (zum Jahre 564?).

[3]) Evagrii Hist. eccl. IV, 37 Sp. 2772 A: Καὶ μετ' ἐκεῖνον [Πέτρον] Μακάριος οὔπω βασιλέως προσηκαμένου, ὡς (ὅς?) ἐξώσθη τῆς οἰκείας καθέδρας· ἔφασκον γὰρ αὐτὸν τὰ Ὠριγένους πρεσβεύειν δόγματα. μεθ' ὃν τὴν ἐπισκοπὴν Εὐστόχιος διεδέξατο.

[4]) Anastasii Sinaitae De haeresibus et synodis ed. J. B. Pitra, Iuris ecclesiastici Graecorum historia et monumenta II. Romae 1868 S. 264: Αὐτὸς δὲ οὐ παρῆν· πίστει γὰρ εἰς τὸν θρόνον μετὰ τὴν Μακαρίου ἐκβολὴν προχειρισθεὶς

Worten die Abwesenheit des Eustochios wirklich motivirt, wenn ihm das Patriarchat kurz vor dem Concil übertragen worden und sein persönliches Erscheinen in der heiligen Stadt etwa durch dort entstandene Unruhen gefordert war. Auf andere Art bestätigen uns auch die von Theophanes benützten Ἐκλογαὶ ἀπὸ τῆς ἐκκλησιαστικῆς ἱστορίας, daß Eustochios nicht vor 552 Bischof geworden ist. Denn, wie diese Quelle erzählt, schickte der Bischof Apolinarios von Alexandrien, der sich in Konstantinopel aufhielt und im Jahre 551 ernannt worden war [1]), seinen Bruder, den Abbas Agathos, nach Alexandrien, um die Art der kirchlichen Vermögensverwaltung durch den Großökonomen und Abbas Eustochios zu untersuchen. Agathos glaubte Unordnungen wahrzunehmen und ließ Eustochios festsetzen. Diesem aber gelang es, zu entfliehen und nach Byzanz zu entkommen, wo der Kaiser ihn zum Erzbischof von Jerusalem ernannte [2]). Daß eine Untersuchung seiner Sache vorhergegangen ist, liegt auf der Hand. Die Ernennung kann darum nicht mehr vor dem Jahre 552 erfolgt sein. Ueber 552 hinauszugehen, verbietet aber die Thatsache, daß Eustochios als Patriarch bereits Stellvertreter zum fünften Concil geschickt hat.

Durch die verschiedensten Zeugnisse werden also die von Kyrillos überlieferten Daten bestätigt. Eine Schwierigkeit bereitet nur der Bericht des sonst sehr zuverlässigen Evagrios. Die Regierung des Makarios kann zwar auch nach seiner Dar-

---

εἰς τὴν ἁγίαν ἐξεδήμησε πόλιν, τοποτηρητὰς δὲ προεβάλετο τὸν αὑτοῦ τύπον πληρώσαντας.

[1]) Victoris Chronica ed. Mommsen S. 202 (zum Jahre 551): Apollinarius Zoilo tria memorata capitula damnare nolenti episcopus Alexandrinae ecclesiae subrogatur. Diese Sentenz hatte Justinian vollzogen (Liberati Breviarium cap. 23 bei Mansi IX Sp. 698: Zoilum, quem postea imperator deposuit et Apollinarem ordinavit), und sie war kirchlicherseits im Juli 551 unter dem lebhaften Widerspruche des Papstes Vigilius durch Theodoros Askidas im Beisein vieler anderer Bischöfe anerkannt worden (Damnatio Theodori vom 17. August 551 bei Mansi IX Sp. 60). A. v. Gutschmid a. a. O. S. 469 geht also fehl, wenn er die Erhebung des Apolinarios in das Jahr 550 setzt.

[2]) J. A. Cramer, Anecdota Parisiensia II S. 110: Ὁ ἀββᾶς Ἀγαθὸς ἀδελφὸς ἦν Ἀπολιναρίου τοῦ ἐπισκόπου Ἀλεξανδρείας καὶ γενόμενος εἰς τὴν Ἀλεξάνδρειαν εὗρεν μέγαν οἰκονόμον τὸν ἀββᾶν Εὐστόχιον. τοῦτον δὲ λόγους εἰσπράττων τῆς οἰκονομίας ἀπέκλεισεν. ὁ δὲ φυγὼν διὰ τῆς στέγης ἀνῆλθεν εἰς τὸ Βυζάντιον καὶ Μακαρίου σκευασθέντος τοῦ Ἱεροσολύμων γέγονεν ἀντ' ἐκείνου ἐπίσκοπος. Vgl. Theophanes ed. de Boor I S. 242, der die Geschichte fast wörtlich wiederholt, sie aber ins Jahr 6059 (566/7 n. Chr.) verlegt!

stellung nicht mehr als zwei Monate gedauert haben (s. oben S. 30). Allein die Enthebung desselben und die Einsetzung des Eustochios fällt nach Evagrios einige Jahre vor dem ökumenischen Concil. Eustochios selbst ist es, der nach den Worten dieses Historikers durch die Vertreibung der origenistischen Mönche aus der neuen Laura den Anlaß zu der scharfen Zuspitzung der Gegensätze vor dem Concil gegeben hat¹). Diese Annahme beruht jedoch sicher auf einem Irrthum. Kyrillos, der Geschichtschreiber der Wüste, weiß von einer zweimaligen Vertreibung der Neolauriten im Jahre 543 und im Jahre 554. Die erstere, die vielleicht mehr eine freiwillige Auswanderung der Mönche bedeutete, bildete in der That den Ausgangspunkt für die letzten erbitterten Kämpfe zwischen den Freunden und den Gegnern des Origenes. Unbestreitbar aber war damals nicht Eustochios, sondern Petros Patriarch von Jerusalem. Die zweite Vertreibung nach dem Concil wurde auf Befehl des Eustochios vollzogen. Diese beiden Vorgänge wird Evagrios durcheinandergeworfen haben. Ohne Zweifel verdient der den Ereignissen zeitlich und örtlich so nahestehende Kyrillos von Skythopolis in diesen rein chronologischen Fragen eher unseren Glauben, als der um 593 zu Antiochien schreibende Evagrios.

Wir werden also auch die für die Patriarchen Petros, Makarios und Eustochios von Kyrillos bezeugten Daten als gesichert betrachten dürfen.

Zweiter Abschnitt.
Der Verlauf der origenistischen Streitigkeiten im 6. Jahrhundert.

§ 4.
Erste Periode: Bis zum Tode des heiligen Sabas.

Der in den letzten Jahrzehnten des 4. Jahrhunderts mit großer Leidenschaft geführte „Origenistenstreit", der zuletzt in eine rein persönliche Fehde des Bischofs Theophilos von Alexandrien gegen den heiligen Johannes Chrysostomos, Bischof von Konstantinopel, ausgeartet war, fand mit dem Tode des letzteren im Jahre 407 seinen tragischen Abschluß. In den Erörterungen für und wider die Lehre des hochgepriesenen, aber noch mehr geschmähten

---
¹) Evagrii Hist. eccl. IV, 38 Sp. 2773 A.

Origenes trat eine lange Ruhepause ein. Die christologischen Controversen beherrschten das 5. Jahrhundert so vollständig, daß der Streit über den alexandrinischen Lehrer ganz im Hintergrunde stand. Sein Name wurde kaum genannt. Wenn der Kirchenhistoriker Sokrates ihm Worte überschwänglicher Bewunderung widmet¹), so bildet er eine seltene Ausnahme. Aber das lernen wir doch aus diesen Lobsprüchen, daß die Verehrung gegen den großen Meister nicht ganz ausgestorben war, daß vielmehr in gewissen Kreisen das Studium seiner Schriften mit Eifer betrieben und wohl auch die specifisch origenistischen Doctrinen vertheidigt wurden. Wir haben diese Kreise vorzüglich in Palästina und Syrien (im weiteren Sinne) zu suchen. Dahin verweist uns die Bemerkung Kyrills von Skythopolis, daß der Abt Euthymios um die Mitte des 5. Jahrhunderts einige Mönche aus der Gegend von Cäsarea, die zu ihm kamen, wegen ihrer origenistischen Irrthümer nicht zuließ²). Ja, eine besondere Streitschrift gegen Origenes scheint damals in jenen Gegenden ein Bedürfniß gewesen zu sein. Antipater, seit ungefähr 455 Bischof von Bostra in Arabien, verfaßte ein Buch dieser Art, das noch im folgenden Jahrhundert von den Mönchen Palästinas hochgeschätzt wurde³). Es ist leider bis auf einige Fragmente untergegangen. Im Allgemeinen aber führte der Origenismus im 5. Jahrhundert ein sehr verborgenes Dasein. Erst im 6. Jahrhundert sehen wir ihn allmählich zu neuer Blüthe erstehen.

In Edessa lebte um die Wende des Jahrhunderts ein litterarisch thätiger Mönch, namens Stephan bar Sudaili⁴). Aus Edessa gebürtig hatte er sehr wahrscheinlich in früheren Jahren auch Aegypten besucht und dort einen Theil seiner theologischen Bildung erlangt. Aus origenistischen Doctrinen und gnostisch-kabbalistischen Elementen gestaltete er ein radikal pantheistisches, von Frothingham (S. 60 f.) nicht mit Unrecht pannihilistisch genanntes System. Seine Formel war: „Alle Natur ist gleichen Wesens mit der Gott-

---

¹) Socratis Hist. eccl. III, 23 ed. Migne Patrol. gr. 67, 441 f.; VI, 13 Sp. 701 f. u. ö.

²) Vita Euthymii p. 52.

³) Vita Sabae p. 362. 364.

⁴) A. L. Frothingham, Stephen Bar Sudaili, the Syrian mystic and the Book of Hierotheos. Leyden 1886.

heit". Er hielt, wie Xenajas ihm vorwarf[1]), die Schöpfung für ganz ähnlich mit Gott und lehrte, daß es für jedes Ding nothwendig ist, Gott gleich zu werden. Ist die gegenwärtige Welt, die durch eine Emanation aus der Gottheit entstanden ist, vorübergegangen, so ist alles Dasein vollkommen mit Christus vereinigt, der da alles und in allen Menschen ist (Kol. 3, 11). Aber schließlich, in der dritten Periode des Daseins, wird jede Natur völlig eins mit der allgemeinen Wesenheit, jeder Unterschied verschwindet, Gott wird Alles in Allem sein (1. Kor. 15, 28), es ist nur eine Natur, eine Substanz, eine Gottheit; Gott ist auch nicht ferner Vater, Sohn und heiliger Geist, als Persönlichkeit hört Gott auf zu sein. Ausdrücklich nimmt Stephan bar Sudaili auch die Teufel, die sämmtlich Erlösung finden, in diesen allgemeinen Proceß der Rückkehr in die unterschiedslose göttliche Natur auf.

Ein so unverhüllter Pantheismus war in der Kirche unerhört. Man litt den verwegenen Mönch nicht in Edessa, und er zog sich nach Palästina zurück, wo er in der Nähe von Jerusalem in einem Kloster[2]) einen Zufluchtsort fand. Es war um jene Zeit, als der Patriarch Elias von Jerusalem die kirchliche Gemeinschaft mit Severos von Antiochien und den übrigen monophysitischen Bischöfen Syriens, die des Severos συνοδικά vom 6. November 512 unterzeichnet hatten, speciell mit Xenajas, dem Vorsitzenden der antiochenischen Synode, abgebrochen hatte. Sagt doch Xenajas in dem Briefe an Abraham und Orestes, daß er wegen des „vor einiger Zeit" (S. 29) aus Edessa entwichenen Bar Sudaili nicht an den Bischof von Jerusalem schreiben könne, da er mit ihm nicht in kirchlicher Gemeinschaft stehe (S. 47). Aber nicht bloß deshalb wandte sich der syrische Mönch nach Palästina, weil er bei dem herrschenden Zwiespalt zwischen den Patriarchaten dort Schutz zu finden hoffte, er wird wohl auch gewußt haben, daß sich unter den Mönchen Palästinas Männer befanden, die gleich ihm für origenistische Doctrinen schwärmten.

Vier seiner dortigen Gesinnungsgenossen, denen seine pantheistischen Ueberzeugungen jedoch wohl nicht gefallen haben, wurden nach dem Berichte des Kyrillos von Skythopolis im Laufe des Jahres 514 in die neue Laura aufgenommen. Das Haupt

---

[1]) Den Brief des Xenajas an die edessenischen Presbyter Abraham und Orestes edirte Frothingham a. a. O. S. 28—48.

[2]) Brief des Xenajas a. a. O. S. 29. 43.

dieser kleinen Partei war der Palästinenser Nonnos, der „unter dem Scheine christlichen Glaubens und mönchischer Tugend [1]) den Lehren der gottlosen Hellenen, der Juden und Manichäer, insbesondere den Mythen des Origenes, Evagrios und Didymos über die Präexistenz der Seelen anhing" (VS p. 274). Er blieb auch in der Folgezeit der geistige Führer der später stark angewachsenen Schaar der Origenisten. Seinem Einfluß ist es zuzuschreiben, daß bis zu seinem Tode (547) keine bedenkliche Spaltung unter ihnen ausbrach.

Der Abt Paulos, ein durch Tugend und Heiligkeit ausgezeichneter, aber sehr einfältiger Mann hatte nicht erkannt, daß jene Mönche insgeheim für die origenistischen Anschauungen Propaganda machten. Seinem Nachfolger Agapetos (frühestens seit November 514; siehe oben S. 17) aber entging es nicht, und mit der Zustimmung des Erzbischofs Elias vertrieb er sie aus der neuen Laura. Sie blieben aber in der Nähe von Jerusalem in der $\pi\varepsilon\delta\iota\acute{\alpha}\varsigma$ und bemühten sich nicht ohne Erfolg, neue Anhänger zu gewinnen (VS p. 274). Sie gaben auch die Hoffnung nicht auf, in die neue Laura zurückkehren zu dürfen. Als Johannes am 1. (3.) September 516 den bischöflichen Stuhl von Jerusalem bestiegen hatte, suchten sie von ihm die Erlaubniß zur Rückkehr zu erlangen. Jedoch die Informationen, die Johannes beim Abte Agapetos einholte, lauteten so ungünstig, daß Nonnos und die Seinigen abgewiesen wurden und sich wieder in die $\pi\varepsilon\delta\iota\acute{\alpha}\varsigma$ zurückzogen. Erst nachdem Agapetos nach einer Amtsdauer von fünf Jahren (frühestens Ende 519) gestorben war, wurden sie von dem neuen Hegumenos Mamas $\lambda\alpha\nu\vartheta\alpha\nu\acute{o}\nu\tau\omega\varsigma$ d. i. wohl ohne Vorwissen des Patriarchen oder auch des Sabas wieder zugelassen. Die Scheu vor Sabas bewog sie aber, während der nächsten Jahre, bis zum Tode des Oberabtes, ihre Irrthümer geheim zu halten (VS p. 275).

Nur eines Mönches Irrglaube gelangte zu Sabas' Kenntniß. Es war der Byzantiner Leontios [2]), einer der Neolauriten, die nach

---

[1]) Die in der Geistlichen Wiese des Johannes Moschos einem Abbas Nonnos gespendeten Lobsprüche sind schwerlich auf den Origenisten zu beziehen. Dieser Abbas scheint vielmehr dem Theodosioskloster angehört zu haben (cap. 104 ed. Migne Patrol. gr. 87, 3, 2961 A B).

[2]) Ueber den Versuch, den Loofs a. a. O. S. 274 ff. gemacht hat, diesen Leontios von Byzanz mit dem gleichnamigen und gleichzeitigen hervorragenden Schriftsteller zu identificiren, habe ich kein sicheres Urtheil gewonnen. Vgl. auch W. Rügamer, Leontius von Byzanz. Würzburg 1894. S. 58 ff.

Agapets Tode mit Nonnos in die neue Laura eingezogen waren (VS p. 344). Der mehr als neunzigjährige Abt Sabas begab sich nämlich im April 531 (siehe oben S. 11 f. 14 f.) im Auftrage der Bischöfe Palästinas nach Konstantinopel, um der tendenziösen Berichterstattung des Samaritaners Arsenios, eines kaiserlichen Günstlings, entgegenzutreten, den Kaiser Justinian über die traurige Lage der Bewohner des heiligen Landes aufzuklären und wegen der durch die Samaritaner angerichteten Verheerungen einen Steuernachlaß für das erste und zweite Palästina zu erbitten (VS p. 340 sq.). Es ist begreiflich, daß er auf dieser Reise nebst anderen Mönchen auch den ortskundigen und mit einflußreichen Personen bekannten Leontios von Byzanz in seiner Begleitung hatte. In Byzanz nun ist Leontios aus seiner Zurückhaltung herausgetreten und hat seinen origenistischen Standpunkt offen bekundet. Den Anlaß dazu gab eines jener Religionsgespräche, die Justinian zwischen Orthodoxen und Monophysiten abhalten ließ und von denen uns eins unter dem Namen Collatio cum Severianis aus dem Berichte des Innocenz von Maronia genauer bekannt ist[1]). Bei der Disputation stellte sich heraus, daß nicht nur einige Begleiter des greisen Abtes dem Theodor von Mopsuestia anhingen, sondern auch daß Leontios, während er sich den Anschein gab, für die Synode von Chalkedon einzutreten, origenistische Ansichten hegte. Als Sabas dies vernahm, glaubte er Strenge walten lassen zu müssen und verstieß sowohl den Leontios als auch die Verehrer des Theodoros aus seiner Umgebung. Zugleich sprach er in einer bald folgenden Audienz dem Kaiser den Wunsch und in prophetischem Geiste die sichere Erwartung aus, daß er, wie den Arianismus, so auch die Häresieen des Nestorios und des Origenes vollkommen ausrotten werde (VS p. 344 sq.).

Sabas ließ also die genannten Mönche in Konstantinopel zurück und trat nach Erfüllung seiner Mission im September 531 mit den erbetenen kaiserlichen Decreten den Heimweg an (VS p. 348). Er machte noch im Auftrage des Erzbischofes und der übrigen Bischöfe eine längere Reise durch Palästina, um die Decrete bekannt zu machen, und starb nach kurzer Krankheit am 5. Dezember 532 (VS p. 353 sq., vgl. oben S. 11 ff.).

---

[1]) Mansi VIII Sp. 817 ff.

§ 5.
Zweite Periode: Bis zum Edicte Justinians gegen Origenes.

Nach dem Tode des heiligen Sabas entwickelten die origenistischen Mönche, die bislang nicht gewagt hatten, mit ihrem Irrglauben hervorzutreten, eine rührige Agitation. Sein Nachfolger Melitas (532—537) ließ es an der nöthigen Wachsamkeit fehlen, und so konnten sie zahlreiche Anhänger werben. Nicht nur alle gelehrteren (λογιώτεροι) Mönche der neuen Laura, die stets der Mittelpunkt der Bewegung war, sondern auch die der Siedelei des Martyrios und der Laura des Firminos traten auf ihre Seite; ja, kein Kloster der Wüste konnte sich des Eindringens origenistischer Dogmen völlig erwehren. Zwei der hervorragendsten Parteigenossen erlangten großen Einfluß bei Hofe. Es waren Domitian, der Hegumenos der Martyriossiedelei, und Theodoros Askidas, ein Diakon der neuen Laura, der sich zum geistigen Führer der Neolauriten aufgeschwungen hatte (τῶν τῆς νέας λαύρας ἐξάρχων γεγονώς). Sie kamen zu Schiff nach Konstantinopel und erlangten theils durch ihren erheuchelten Eifer für die Synode von Chalkedon (ὑπὲρ τῆς ἐν Χαλκηδόνι συνόδου προσποιούμενοι ἀγωνίζεσθαι) theils durch die Empfehlung des Leontios die Gunst des einflußreichen πάπας Eusebios[1]) und durch diesen unter Verhehlung ihres dogmatischen Standpunktes die Gunst des Kaisers. So sehr nahmen sie den letzteren für sich ein, daß er Domitian zum Bischofe von Ankyra in Galatien und Theodoros Askidas zum Bischofe von Cäsarea in Kappadokien erhob. Beide blieben fast beständig in Byzanz am Hofe, und unter ihrem wirksamen Schutze konnte die origenistische Sache in Palästina große Fortschritte machen (VS p. 361). — Es unterliegt wohl keinem Zweifel, daß die genannten Mönche im Jahre 536 nach Konstantinopel gefahren sind[2]). Sie sind, was Kyrillos nur errathen läßt, mit vielen anderen Mönchen Palästinas zu dem Concil entsandt worden, das der Patriarch Menas von Konstantinopel vom 2. Mai bis zum 4. Juni 536 in Sachen seines monophysitischen Vorgängers Anthimos hielt. Die Acten dieses Concils zeigen wiederholt die Unterschriften Domitians und Theodors. Die Beförderung

---

[1]) Er war Presbyter und κειμηλιάρχης der Hauptkirche der Kaiserstadt; vgl. Loofs S. 281 Anm. **.

[2]) So auch Loofs S. 284 f.

der beiden Mönche auf die bezeichneten Bischofssitze wird bald darnach geschehen sein; doch war zur Zeit der Synode von Konstantinopel der Stuhl von Cäsarea noch nicht erledigt. Man pflegt demnach ihre Ernennung in das Jahr 537 zu setzen.

Zu derselben Zeit starb der Abt Melitas, Sabas' unebenbürtiger Nachfolger. Nicht volle fünf Jahre hatte er der größten Laura vorgestanden. Ihm folgte „im Beginn der fünfzehnten (muß heißen: ersten) Indiktion", also im September 537, Gelasios, ein Bruder, nicht des Melitas, wie Loofs S. 285 angibt, sondern des von Kyrillos wiederholt erwähnten, damals bereits gestorbenen Theodulos (VS p. 263. 276. 289. 361). Der neue Hegumenos begann dem Origenismus, der sich selbst in der größten Laura breit machte, energisch entgegenzutreten. Auf den Rath des Bischofes und Hesychasten Johannes ließ er das antiorigenistische Werk des Antipater von Bostra in der Kirche vorlesen. Offene Auflehnung der entschiedenen Origenisten war die Folge. Der Diakon und Kanonarch Johannes aus Antiochien, Johannes Brontodämon, Ptolemäos u. A. schaarten sich zusammen, zogen Viele mit sich und hielten ihre besonderen Versammlungen ab. Die antiorigenistische Mehrheit konnte das nicht hingehen lassen und entfernte darum Alle, ungefähr vierzig an der Zahl, einzeln aus dem Sabaskloster. In der neuen Laura, der Hochburg der origenistischen Partei, trafen die Ausgewiesenen zusammen, und ihr Loos entflammte den Zorn ihrer dortigen Gesinnungsgenossen, besonders des Leontios, der wieder von Byzanz eingetroffen war, derartig, daß sie von allen Seiten die Anhänger der Partei zu einem Rachezuge gegen die größte Laura zusammenriefen. Gott aber vereitelte, wie Kyrillos erzählt, ihr rohes Beginnen auf wunderbare Art, indem er von der zweiten Stunde des Tages bis zum folgenden Morgen völlige Finsterniß über sie kommen ließ, so daß sie weit vom Wege abirrten; sie fanden sich am anderen Morgen bei Bethlehem am Kloster des Abtes Markianos [1]) wieder und zogen beschämt heim (VS p. 362 sq.).

---

[1]) Add gibt das genaue Todesdatum dieses angesehenen, als heilig verehrten Abtes: μηνὶ Νοεμβρίῳ εἰκάδι τετάρτῃ τῆς πρώτης ἰνδικτιόρος [24. November 492]. καὶ οὗτος μέν ἐστιν ὁ τῆς τοῦ Καστελλίον [Gründung des Sabas] συστάσεως καὶ τῆς τοῦ θείου Μαρκιανοῦ τελευτῆς ἀκριβέστατος χρόνος (zu VS p. 257). Schon H. Usener hatte ziemlich genau den Dezember 492 als die Zeit seines Hinscheidens bestimmt (a. a. O. S. 172). In Slav p. 129 heißt es: am 23.

Um welche Zeit dieser Vorfall sich ereignet hat, ist aus der VS, die hierfür die einzige Quelle ist, nicht klar zu erkennen. Es scheint jedoch, daß wir nicht schon an die ersten Amtsjahre des Abtes Gelasios zu denken haben, da Kyrillos sofort ein anderes Ereigniß erzählt, das „zu derselben Zeit" stattgefunden habe, und das wir auf keinen Fall vor 542 ansetzen dürfen.

Damals führte nämlich die Angelegenheit des Patriarchen Paulos von Alexandrien den Patriarchen Ephräm von Antiochien und den πάπας Eusebios, von dessen bedeutendem Ansehen am byzantinischen Hofe schon die Rede war, nach Palästina (VS p. 364). Paulos war, wie wir aus dem Breviarium causae Nestorianorum et Eutychianorum des Liberatus entnehmen, wegen angeblicher Mitschuld an der Ermordung des Diakons Psoïos nach Gaza verbannt worden, und nachdem die Untersuchungsacten in Konstantinopel eingetroffen waren, ließ der Kaiser zu Gaza eine Synode zusammentreten, die den Paulos absetzen und einen neuen Bischof für Alexandrien weihen sollte[1]). Daß Kyrillos von Skythopolis und Liberatus von einer und derselben Synode sprechen, unterliegt keinem Zweifel. Im Uebrigen aber lassen sich ihre Berichte nicht leicht vereinigen.

Nach Liberatus entsandte der Kaiser den römischen Diakon und päpstlichen Apokrisiar zu Byzanz, Pelagius, den nachmaligen Papst (555—560), zunächst nach Antiochien mit der schriftlichen Weisung, daß mit Ephräm von Antiochien auch Petros von Jerusalem und Hypatios von Ephesos zu dem oben bezeichneten Zwecke sich nach Gaza begeben sollten. Von Antiochien reiste Pelagius nach Jerusalem und traf bald darauf mit den Patriarchen und anderen Bischöfen in Gaza ein, wo sie den kaiserlichen Befehl vollzogen und an Paulos' Stelle Zoïlos zum Bischofe weihten. Auf der Rückreise nach Konstantinopel hat er Jerusalem nicht wieder berührt. Vielmehr kamen von Jerusalem Mönche, mit denen er schon auf seiner Durchreise zusammengetroffen war, mit Excerpten aus Origenes' Schriften zu ihm und schlossen sich ihm an. Sie wollten vom Kaiser eine Verurtheilung des Origenes und der aus seinen Schriften ausgezogenen Capitel erwirken. Pelagius nahm

---

November der ersten Indiktion, wofür die meisten anderen Handschriften den 20. November der dritten Indiktion setzen (p. XX. XXX. XLV. XCIII. CXVIII).

[1]) Liberati Breviarium cap. 23 bei Mansi IX Sp. 699.

sich der Mönche an und vertrat ihre Sache mit großem Eifer vor Justinian. Dasselbe that der Patriarch Menas von Konstantinopel, und zwar aus dem nämlichen Motive, aus Eifersucht gegen den allmächtigen Theodoros Askidas. Sie kannten seine Begeisterung für Origenes und seine Lehren, und um seinen Einfluß auf Justinian zu brechen, baten sie diesen, Origenes und die genannten Capitel zu verdammen. Ihr Vorschlag entsprach ganz der Neigung des Kaisers, in kirchlichen Dingen zu Gericht zu sitzen. Er erließ ein Edict, worin Origenes und jene Capitel mit dem Anathem belegt wurden. Menas unterschrieb es mit den in Konstantinopel anwesenden Bischöfen (der σύνοδος ἐνδημοῦσα); dann wurde es auch den übrigen Patriarchen Vigilius von Rom, Zoïlos von Alexandrien, Ephräm von Antiochien und Petros von Jerusalem zugeschickt, und Alle unterzeichneten es [1]).

Nach Kyrills Erzählung ist die Synode von Gaza durch mehrere Ereignisse von der Reise der origenesfeindlichen Mönche nach Byzanz und von dem Edicte des Kaisers getrennt. Nach der Synode begab sich der πάπας Eusebios nach Jerusalem. Er wußte nichts von der origenistischen Häresie (μηδὲν περὶ τῆς αἱρέσεως γνούς) und ward deshalb leicht durch den von Konstantinopel her ihm wohlbekannten Leontios dafür gewonnen, seinen Einfluß zu Gunsten der vierzig aus der größten Laura ausgewiesenen Mönche in die Wagschale zu werfen. Leontios führte ihm die Vertriebenen persönlich vor und stellte den Verlauf der Dinge so dar, daß der Abt Gelasios als der Friedensstörer erschien, der die Spaltung herbeigeführt und sodann aus Parteilichkeit die einen verjagt, die anderen behalten habe. Eusebios ließ den Abt Gelasios kommen und gab ihm den Befehl, entweder die vertriebenen Mönche wiederaufzunehmen oder deren entschiedenste Gegner gleichfalls aus der Laura zu entfernen. Gelasios und die Väter wählten das letztere und schickten Stephanos, Timotheos und vier andere Brüder fort. Diese wandten sich nach Antiochien, erstatteten dem Patriarchen Ephräm über das Vorgefallene Bericht und zeigten ihm auch das Werk Antipaters, dessen Vorlesung den Streit zum Ausbruch gebracht hatte und das den Patriarchen über die Irrthümer des Origenes orientiren konnte (VS p. 364). Ephräm ließ sich nicht vergeblich bitten; er hielt eine Synode und belegte die

---

[1]) Liberati Breviarium cap. 23 Sp. 699 f.

origenistischen Lehren mit dem Anathem *(δημοσίῳ συνοδικῷ ἀναθέματι καθυποβάλλει τὰ Ὠριγένους δόγματα).* Darob große Erbitterung unter dem Anhange des Nonnos. Von Leontios, der sich wieder nach Byzanz eingeschifft hatte, von Domitian und Theodoros Askidas unterstützt, nöthigten die Origenisten ihren Patriarchen, Ephräms Namen aus den Diptychen zu streichen, — eine Maßnahme, die ganz Jerusalem und die Mönchskolonien in große Erregung versetzte. Deshalb entbot Petros heimlich den Sophronios, der seit 529 der Siedelei des Theodosios vorstand, und den Abt Gelasios zu sich und veranlaßte sie, eine Klagschrift *(λίβελλος)* gegen die Origenisten aufzusetzen, worin sie ihn, den Patriarchen, beschwören sollten, den Namen Ephräms nicht aus den Diptychen zu tilgen. Kaum war ihm die Klagschrift eingehändigt worden, da sandte er sie mit einem Berichte über die Neuerungsversuche der Origenisten an den Kaiser. Dieser nahm den Libellus entgegen und erließ ein Edict gegen die Lehren des Origenes. Menas von Konstantinopel mit seiner Synode unterschrieb es. Domitian von Ankyra und Theodoros Askidas waren charakterlos genug, gegen ihre Ueberzeugung gleichfalls die Unterschrift zu leisten (VS p. 365).

Niemand wird in Zweifel ziehen, daß Liberatus und Kyrillos eine und dieselbe Beschwerdeschrift an den Kaiser und ein und dasselbe kaiserliche Edict, nämlich jenes, das uns noch in der Ausfertigung an Menas erhalten ist [1]), im Auge haben.

Wie haben wir aber die Differenz zu beurtheilen, daß Liberatus auf die Synode von Gaza sofort die Rückkehr des Pelagius nach Konstantinopel, wohin ihn die Deputation der Mönche begleitete, folgen läßt, Kyrillos hingegen zwischen der Synode und der Reise der Deputirten so viele Ereignisse erwähnt, daß sie kaum in dem Rahmen eines halben Jahres untergebracht werden können? Man wird von vornherein geneigt sein, dem Berichte der VS, die durch ihre genauen Detailangaben den Eindruck einer vorzüglich unterrichteten Quelle macht, den Vorzug zu geben und anzunehmen, daß Liberatus die ihn wenig interessirenden Begebenheiten der Zwischenzeit absichtlich übergangen hat. Allein es erhebt sich eine große Schwierigkeit. Die Zeit zwischen der Synode von Gaza und dem Erlasse des Edictes gegen Origenes scheint zu

---

[1]) Mansi IX Sp. 488 D—533 E.

kurz zu sein, um allen von Kyrillos gemeldeten Vorkommnissen Raum zu gewähren.

Eine werthvolle Nachricht nämlich über das Datum des Edictes haben uns Add (zu VS p. 366) und Slav p. 491 aufbewahrt. Darnach wurde das Edict περὶ τὸν Φεβρουάριον μῆνα τῆς πέμπτης (richtig: ἕκτης) ἰνδικτιόνος, τῷ ἑνδεκάτῳ τῆς τοῦ πατρὸς ἡμῶν Σάβα κοιμήσεως χρόνῳ, also im Februar 543, in Jerusalem publicirt. Da wir nun von dem Erlasse des Edictes in Konstantinopel bis zu seiner Veröffentlichung in Jerusalem sicher nicht mehr als vier Wochen zu rechnen brauchen — am 10. Juli 518 trat der Kaiser Justin I. die Regierung an[1]), am 6. August wurde bereits sein Befehl, die Synode von Chalkedon in die Diptychen einzutragen, in Jerusalem durch eine Synode ausgeführt (VS p. 326) —, so dürfen wir den Januar 543 als das Datum des Edictes und der unter dem Vorsitze des Patriarchen Menas stattgehabten σύνοδος ἐνδημοῦσα, zu deren Zusammentritt es ja keiner weiteren Vorbereitungen bedurfte, betrachten. — Die Synode von Gaza aber kann gemäß der Berechnung v. Gutschmid's[2]) nicht früher als Ende 542 stattgefunden haben. Darnach bliebe also nur noch die Zeit zur Rückkehr nach Byzanz und für die Abfassung des Edictes übrig. Der Bericht des Kyrillos von Skythopolis läßt sich also mit dieser Zeitbestimmung nicht in Einklang bringen. Die Reise des πάπας Eusebios nach Jerusalem, die Vertreibung der sechs Mönche aus der größten Laura und ihre Ankunft in Antiochien, die Synode daselbst, die Aufhebung der Kirchengemeinschaft zwischen Jerusalem und Antiochien, die Entsendung der Deputirten nach Konstantinopel erfordern mindestens ein halbes Jahr.

Trotzdem wird Kyrills Erzählung aus dem vorhin angegebenen Grunde vorzuziehen sein. Es kommt hinzu, daß es als ganz unwahrscheinlich gelten muß, daß die Synode von Antiochien, auf der Ephräm die Lehren des Origenes verurtheilte, vor der Synode von Gaza stattgefunden hat. Denn aus den Worten des Liberatus erhellt, daß Ephräm über Jerusalem nach Gaza gereist ist. Er hätte dies schwerlich gethan, wenn er sich durch das Anathem gegen Origenes so viele palästinensische Mönche verfeindet hätte.

---

[1]) So Zacharias Rhetor VIII, 1 S. 139 f. ed. Ahrens-Krüger. Daß Justins Vorgänger Anastasios in der Nacht vom 9. zum 10. August 518 um die sechste Stunde entschlafen ist, sagt VS p. 325.

[2]) A. v. Gutschmid a. a. O. S. 468 f.

Und wie wäre ein einträchtiges Wirken der Patriarchen zu Gaza denkbar, wenn Petros kurz vorher die Kirchengemeinschaft mit dem Antiochener aufgehoben hätte? Denn daß Petros den Namen Ephräms bis zum Februar 543 noch nicht wieder in die Diptychen eingetragen hatte, geht aus der Darstellung Kyrills deutlich hervor.

Es scheint daher, daß v. Gutschmid mit seiner Datirung der Synode von Gaza, frühestens Ende 542, nicht das Richtige getroffen hat. Der Anlaß zu der in Gaza erfolgten Absetzung des alexandrinischen Patriarchen Paulos wird in den Quellen verschieden angegeben. Gutschmid erblickt den Anlaß darin, daß Paulos „den Todestag seines ketzerischen Vorgängers Dioskoros gefeiert habe (Vict. Tun. unter dem Jahre Basilio v. c. cons.) oder, wie Theoph. p. 345, 10 sagt, das Gedächtniß des unheiligen Severus". Er fügt bei: „Wegen dieses Widerspruches ist die Nachricht allgemein verworfen worden; allein gerade der vermeintliche Widerspruch ist die sicherste Gewähr ihrer Glaubwürdigkeit: das Gedächtniß des Severus wird nämlich von der alexandrinischen Kirche zugleich mit Dioskoros am 7. Thoth, dem Todestage des Letzteren, gefeiert (Renaudot p. 129). Severus starb nach Severus von Ashmunin (bei Renaudot p. 138) 30 Jahre nach seiner Erhebung zum antiochenischen Patriarchate, d. i. nach dem 6. November 512; da sein Todestag nach den koptischen und äthiopischen Kalendarien der 14. Mechir ist (Ludolf, ad hist. arm. comment. p. 403), so muß er am 9. Februar 542 oder 8. Februar 543 gestorben sein, und seine Gedächtnißfeier konnte frühestens am 7. Thoth 259 = 4. September 542 mit der des Dioskoros verbunden werden. Da nun, ehe die Denunciation gegen ihn [Paulos] in Konstantinopel einlief, ehe zur Untersuchung der Sache eine Synode einberufen wurde, ehe diese die Absetzung des Paulos verfügte, gewiß ein paar Monate verflossen sein werden, so ergibt sich für letztere die obige Zeitbestimmung" (S. 468 f.).

Allein gegen diese Berechnung erheben sich doch mehrere Bedenken. Was zunächst den Tod des Severos betrifft, so gibt Barhebräus bestimmt den 8. Februar 543 als den Zeitpunkt desselben an [1]). Auch bei Dionysios von Tell-Maḥrē, der das sicher

---

[1]) Barhebraei Chronicon eccles. Sect. I. edd. Abbeloos et Lamy. Tom. I. Lovanii 1872 p. 212: Hoc autem tempore migravit e vita mortali patriarcha Mar Severus Alexandriae in loco Csutha appellato die octava mensis Schebat (Februarii) anno Graecorum 854 (Chr. 543).

unrichtige Datum 8. Februar 538 hat¹), spricht der Monatstag mehr für 543, als für 542. Demgemäß hat Paulos am 4. September 542 das Gedächtniß des Häretikers noch nicht begehen können, und wenn er wirklich, wie Victor und Theophanes versichern, wegen seiner Anerkennung des Monophysitismus entsetzt worden ist, so kann nur die Gedächtnißfeier für Dioskoros, nicht für Severos den Anstoß gegeben haben. Aber abgesehen davon, läßt sich auch darüber streiten, ob die Nachricht bei Victor und Theophanes den Vorzug vor anderen Meldungen verdient. Wenn Liberatus²) und der Verfasser des Buches De sectis³) den Patriarchen Paulos als Anhänger der Synode von Chalkedon bezeichnen, und es überhaupt als selbstverständlich gelten kann, daß Justinian damals nur einen erklärten Synoditen auf den Stuhl von Alexandrien erhoben hat, so ist diese Schwierigkeit wahrscheinlich durch die Annahme zu lösen, daß Paulos später zum Monophysitismus abgefallen ist. Dies behauptet ausdrücklich der Presbyter Timotheos um die Wende des 6. und 7. Jahrhunderts⁴). Von dieser Seite ist also der Bericht des Victor von Tunnuna und des Theophanes nicht anzufechten. Allein Liberatus⁵), die Schrift De sectis⁶) und Prokopios von Cäsarea⁷), also drei Zeitgenossen jener Ereignisse, geben eine andere Ursache der Absetzung des Paulos an: Er habe die Ermordung des Diakons Psoïos in Alexandrien zwar nicht direct angeordnet, sei aber damit einverstanden gewesen. Namentlich die ins Einzelne gehenden und in allem Wesentlichen übereinstimmenden Erzählungen des Liberatus und des Prokopios über diesen Vorfall machen den Eindruck der Zuverlässigkeit, weshalb auch fast alle späteren Historiker ihr folgen und die Synode von Gaza in das Jahr 541 oder 542 verlegen.

---

¹) Dionysii Tellmaharensis Chronicon bei J. S. Assemani, Bibliotheca Orientalis II p. 54: Anno (Graecorum) 849 migravit ex hoc saeculo sanctus Mar Severus, patriarcha Antiochiae, die octava Februarii.
²) Liberati Breviarium cap. 23 bei Mansi IX Sp. 697.
³) (Leontii Byzantini) De sectis act. V. ed. Migne Patrol. gr. 86, 1, 1232 C.
⁴) Timothei De receptione haereticorum ed. Migne Patrol. gr. 86, 1, 42 BC: Παυλιανισταί· οἱ ἀπὸ Παύλου τοῦ κοινωνήσαντος μὲν τῇ καθολικῇ ἐκκλησίᾳ, ἀποστάντος δὲ πάλιν καὶ ὑποστρέψαντος πρὸς τὴν τῶν ἀκεφάλων αἵρεσιν.
⁵) Liberati Breviarium a. a. O. Sp. 698.
⁶) De sectis a. a. O.: ἀντ' αὐτοῦ χειροτονήσας τὸν Παῦλον δεχόμενον τὸ δόγμα τῆς συνόδου· ὅστις καθῃρέθη συνευδοκήσας φόνῳ.
⁷) Procopii Historia arcana ed. Dindorf (Bonn. 1838) S. 150—152.

Doch v. Gutschmid hat noch einen zweiten Beweis dafür, daß Paulos im Jahre 543 oder frühestens Ende 542 abgesetzt worden ist: Der Vorgänger dieses Patriarchen, Theodosios, ward vermuthlich im Januar 540 endgültig seines Amtes entkleidet; es folgte eine einjährige Sedisvacanz (Liberatus, Victor), so daß Paulos erst 541 (Basilio consule, wie Victor sagt) eingesetzt wurde. Seine Amtsthätigkeit aber währte (nach allen melchitischen Chronographen und Severus von Ashmunin) zwei Jahre, also bis 543[1]). Zugegeben, daß Theodosios nach seiner zweiten Vertreibung aus Alexandrien im November 537 sich nicht, wie Liberatus andeutet, sofort nach Byzanz begeben hat und abgesetzt worden ist, sondern daß ihn die definitive Absetzung erst nach einem zweijährigen Aufenthalte in Melicha in Mittelägypten (so Severus von Ashmunin) im Januar 540 in Byzanz getroffen hat — die weitere Chronologie, die v. Gutschmid aufstellt, ist aber recht unsicher. Liberatus spricht sich gar nicht über die Dauer der Vacanz zwischen Theodosios und Paulos aus; der ungenaue Victor aber setzt zwar die Deposition des Theodosios ins Jahr 540 und die Weihe des Paulos ins Jahr 541; allein er berichtet zu demselben Jahre 541 auch, daß Paulos in Palästina abgesetzt und daß Zoïlos an seiner Stelle geweiht worden sei[2]). Es ist darum sehr gewagt, auf sein Zeugniß hin der Vacanz die Dauer eines Jahres zuzuschreiben. Sie hat möglicherweise nur wenige Monate gewährt. Vielleicht ist auch das zweite Amtsjahr des Paulos nur angebrochen gewesen und von den Chronographen, wie es häufig geschieht, voll berechnet worden. Kurz, die Zeitrechnung dieser Jahre ist so unsicher, daß sich keinerlei Nöthigung ergibt, die Synode von Gaza erst 543 oder Ende 542 anzusetzen und somit den Bericht des Kyrillos von Skythopolis über die dem Edicte Justinians vorangehenden Ereignisse für unrichtig zu erklären.

Sowohl den von Gutschmid vorgebrachten Beweisstücken als auch dem Berichte der VS wird man, wie mir scheint, gerecht, wenn man die Synode von Gaza um Ostern 542, die Synode von Antiochien im Sommer desselben Jahres, die Aufhebung der Communion zwischen Jerusalem und Antiochien sowie die Absendung der antiorigenistischen Klagschriften nach Byzanz im Spät-

---

[1]) A. v. Gutschmid a. a. O. S. 460. 467. 468.
[2]) Victoris Chronica ed. Mommsen S. 199 f.

herbst 542, das Edict Justinians gegen Origenes im Januar 543 ansetzt.

Das kaiserliche Edict ist eines der wichtigsten Documente der Religionspolitik Justinians und zugleich ein getreuer Ausdruck der unter den Antiorigenisten herrschenden Anschauungen und Gesinnungen. In kurzen Zügen läßt sich sein Inhalt, wie folgt, wiedergeben[1]). Der Kaiser betheuert im Eingange, es sei stets seine erste Sorge, mit Gottes Hülfe den Glauben rein zu erhalten und der Kirche den Frieden zu sichern. Deshalb erachte er es auch jetzt für seine Pflicht, einzugreifen, da er vernommen, daß gewisse Personen dem Origenes und seinen Lehren anhängen, Lehren, die nicht mehr christlich, sondern heidnisch, manichäisch, arianisch zu nennen seien. Wagt dieser Mann es doch, die heilige und wesensgleiche Trias zu lästern und zu sagen, der Vater sei größer als der Sohn. der Sohn größer als der heilige Geist und der heilige Geist größer als die anderen Geister. Er behauptet, der Sohn könne den Vater, der heilige Geist den Sohn nicht sehen; der Sohn und der heilige Geist seien Geschöpfe; was wir im Vergleich zum Sohne, das sei der Sohn im Vergleich zum Vater. Die göttliche Macht hält er für begrenzt, alle Gattungen und Arten für gleichewig mit Gott. Von den geistigen Wesen ist ein Theil, wie er meint, in Sünde gefallen und zur Strafe in Leiber gebannt: nach dem Maße ihrer Sünden werden sie sogar zum zweiten und dritten Male und noch öfter in einem Leibe eingekerkert, um nach vollendeter Reinigung in ihren früheren sünde- und leiblosen Zustand zurückzukehren. Er nimmt auch verschiedene Welten an, die theils schon vorübergegangen sind, theils noch kommen werden.

Wer wird nicht, fragt der Kaiser, von Entsetzen erfaßt, wenn er von diesem Uebermaße der Gottlosigkeit hört? Alle Häretiker sind wegen der einen oder der anderen Irrlehre aus der Kirche ausgestoßen worden, welcher Christ mag also dem Origenes anhängen wollen, der in seinen Schriften so viele Lästerungen vorgetragen und fast allen Ketzern so viel Stoff zu ihren verderbenbringenden Lehren dargeboten hat und deshalb schon vor alters von den heiligen Vätern mit dem Anathem belegt worden ist? Zwar hat er auch einige wahre Dogmen in seine schlechten Bücher aufgenommen. Aber dieselben sind eben nicht sein Eigenthum,

---

[1]) Iustiniani Liber adversus Origenem bei Mansi IX Sp. 488 D—533 E.

sondern das der Kirche; und nur aus böser Absicht hat er so gehandelt und seine abscheulichen Lehren besonders in seine Erklärungen der heiligen Schriften eingestreut, um arglose Seelen desto leichter zu täuschen. Plato ist sein Lehrmeister gewesen; Arios hinwieder hat von ihm gelernt; dem Manichäer steht er an Gottlosigkeit nicht nach.

Justinian wendet sich alsdann zur Widerlegung einzelner Lehren des Alexandriners. Besonders einläßlich bekämpft er die Präexistenzlehre mit zahlreichen und durchweg schlagenden Argumenten aus der heiligen Schrift und den Werken der Väter. Kürzer ist die Entgegnung auf die These, daß Himmel, Sonne, Mond und Sterne und die Wasser über den Himmeln belebt und zwar gewisse vernünftige Kräfte seien. Lächerlich und wahnwitzig, aber zugleich überaus anstößig erscheint dem Kaiser die Lehre, die Leiber der Auferstandenen werden kugelförmig sein, wie auch der Leib des Herrn in der Auferstehung die Gestalt einer Kugel angenommen habe. Bei solchen Lästerungen sei es nur zu natürlich, daß Origenes im Martyrium nicht standhaft geblieben sei, sondern Christum verleugnet und die heidnischen Götter angebetet habe. Gott aber habe dies nach seiner Vorsehung zugelassen, da die Lehren jenes Mannes ohne Zweifel noch viel mehr Menschen bethören würden, wenn der Ruhm eines Märtyrers und Vaters ihn umstrahlte. Endlich findet auch die origenistische Leugnung der Ewigkeit der Höllenstrafen eine scharfe Zurückweisung.

An diesen didaktischen Theil des Erlasses schließt der Monarch seine Verfügungen an. Er gibt dem Patriarchen Menas die Weisung, alle in der Kaiserstadt weilenden *(ἐνδημοῦντας)* Bischöfe und die Hegumenen der dortigen Klöster zu versammeln und sie zu veranlassen, sämmtlich den Feind Gottes, den alexandrinischen Presbyter Origenes, und seine abscheulichen und gottlosen Lehren sowie alle im Anhange beigefügten Sätze *(κεφάλαια)* schriftlich auf jede Weise zu verdammen; sodann auch Abschriften der von ihm (Menas) in dieser Sache geführten Verhandlungen an alle anderen Bischöfe und Klosteroberen zu senden, damit auch diese das Anathem gegen Origenes und seine Irrthümer und gegen die weiterhin noch zu nennenden Häretiker eigenhändig unterschreiben. Für die Zukunft aber, bestimmt Justinian, solle Niemand mehr die Cheirotonie als Bischof oder Hegumenos empfangen, wenn er nicht zuvor nebst allen anderen Ketzern, die dem Herkommen gemäß in den schriftlichen Erklärungen *(λιβέλλοις)* anathematisirt werden, nämlich Sabellios, Arios, Apolinarios, Nestorios, Eutyches, Dioskoros, Timotheos Ailuros, Petros Mongos, Anthimos von Trapezunt, Theodosios von Alexandrien, Petros, dem früheren Bischof von Antiochien, Petros von Apamea, Severos, dem ehemaligen Bischof von Antiochien, auch den bezeichneten Origenes und seine Ketzereien verdammt habe.

„Eben dasselbe Schreiben haben wir aber nicht bloß an Deine Heiligkeit gerichtet, sondern auch an den heiligsten und seligsten Papst von Alt-Rom, den Patriarchen Vigilius, und an alle übrigen heiligsten Bischöfe und Patriarchen, nämlich von Alexandrien, Theopolis (Antiochien) und Jerusalem, damit auch sie für die Angelegenheit Sorge tragen und diese zu Ende geführt wird. Da wir aber wünschen, daß alle Christen erkennen, wie die Schriften des Origenes dem wahren Christenglauben völlig fremd sind, so haben wir beschlossen, aus seinen zahlreichen und maßlosen Lästerungen einige wörtlich beizufügen". Es folgen dann vierundzwanzig, sämmtlich aus dem Werke Περὶ ἀρχῶν geschöpfte Citate. Sie bilden im Allgemeinen Belege für die im ersten Theile des Edictes gegen Origenes erhobenen Vorwürfe. Nur für die angebliche Lehre von der Kugelform der auferstandenen Leiber fehlt eine Beweisstelle [1]). Hinwieder gehen einige Citate auch über das in dem ersten Theile des Edictes Gesagte hinaus. Der Sohn, so wird hier als origenistische Lehre vorgeführt, ist nicht das Gute selbst, das Gute schlechthin, wie der Vater; ein Mensch ist um seines Verdienstes willen Christus geworden, es geziemt sich jedoch, daß er, weil er vom Eingeborenen niemals getrennt ist, den Namen und die Ehre mit dem Eingeborenen gemeinsam hat; das Leiden Christi wiederholt sich für die Geister der Bosheit in den Himmelsregionen und wird sich in den kommenden Aeonen wiederholt erneuern.

---

[1]) Daß Origenes wirklich so gelehrt habe, wurde wahrscheinlich aus seiner Erklärung von Phil. 2, 10 in Περὶ εὐχῆς 31, 3 (ed. Koetschau, Origenes II S. 396 f.) erschlossen. Doch trägt er anderswo (Selecta in Psalm. 1, 5) die entgegengesetzte Ansicht vor, daß die Leiber der Auferstandenen dieselbe Gestalt haben, wie unsere jetzigen. Vgl. L. Atzberger, Geschichte der christlichen Eschatologie innerhalb der vornicänischen Zeit. Freiburg 1896. S. 444 f.

Den Schluß des Erlasses bildet die feierliche Verurtheilung des Origenes und seiner fluchwürdigen Lehren und jedes Menschen, der ihm irgendwie beistimmt. Zehn Sätze umfaßt der Anathematismus, der hier in wörtlicher Uebersetzung folgen möge:

1. Wenn Jemand sagt oder meint, die Seelen der Menschen präexistiren, sie seien nämlich zuvor Geister und heilige Kräfte gewesen, haben dann aber, der göttlichen Anschauung überdrüssig, sich zum Schlimmeren gewendet, und seien, weil dadurch die göttliche Liebe in ihnen erkaltet sei (ἀποψυγείσης), Seelen (ψυχάς) genannt und zur Strafe in Leiber herniedergeschickt worden, so sei er Anathema.

2. Wenn Jemand sagt oder meint, daß die Seele des Herrn präexistirt habe und vor der Menschwerdung und der Geburt aus der Jungfrau mit dem Gott Logos vereinigt gewesen sei, so sei er Anathema.

3. Wenn Jemand sagt oder meint, zuerst sei der Leib unseres Herrn Jesus Christus in dem Mutterleibe der heiligen Jungfrau gebildet worden, und hernach habe sich der Gott Logos und die präexistirende Seele mit ihm vereinigt, so sei er Anathema.

4. Wenn Jemand sagt oder meint, allen himmlischen Ordnungen sei der Logos Gottes ähnlich geworden, den Cherubim sei er ein Cherub, den Seraphim ein Seraph, kurz allen oberen Mächten sei er ähnlich geworden, so sei er Anathema.

5. Wenn Jemand sagt oder meint, daß in der Auferstehung die Leiber der Menschen kugelförmig auferstehen, und nicht bekennt, daß wir in aufrechter Gestalt (ὄρθιοι) auferstehen, so sei er Anathema.

6. Wenn Jemand sagt, Himmel, Sonne, Mond und Sterne und die Gewässer oberhalb der Himmel seien gewisse beseelte und vernünftige Kräfte, so sei er Anathema.

7. Wenn Jemand sagt oder meint, daß der Herr Jesus Christus im zukünftigen Weltalter für die Dämonen gekreuzigt werde, wie auch für die Menschen, so sei er Anathema.

8. Wenn Jemand sagt oder meint, Gottes Macht sei begrenzt, und er habe so viel erschaffen, wie er umfassen konnte, so sei er Anathema.

9. Wenn Jemand sagt oder meint, die Strafe der Dämonen und der gottlosen Menschen sei eine zeitliche und werde einmal

ein Ende haben, m. a. W. es werde eine Apokatastasis der Dämonen oder der gottlosen Menschen eintreten, so sei er Anathema.

10. Anathema auch dem Origenes, der auch Adamantios heißt, der dieses gelehrt hat, sammt seinen abscheulichen, verfluchten und lasterhaften Dogmen, und jeder Person, die dieses denkt oder vertheidigt oder überhaupt auf irgend eine Art zu irgendwelcher Zeit hierfür einzutreten wagt!

Ebenso wie Menas mit seiner Synode, so haben, wie Liberatus sagt, die übrigen Patriarchen das Edict unterschrieben [1]). Auf die Zustimmung des Papstes Vigilius zu diesem Edicte ist die Aeußerung des Cassiodorius in seinen um 544 verfaßten Institutiones divinarum et saecularium lectionum zu beziehen: „Hunc (Origenem) licet tot Patrum impugnet auctoritas, praesenti tamen tempore et a Vigilio Papa viro beatissimo denuo constat esse damnatum" [2]). Daß alle einzelnen Bischöfe ihren Beitritt zu dem kaiserlichen Urtheil erklären mußten, bezeugt Kyrillos von Skythopolis hinsichtlich Palästinas [3]). So lautete die Weisung Justinians, und wir dürfen annehmen, daß der Episkopat der übrigen Patriarchate, die nicht vom Origenismus inficirt waren, bereitwillig gehorcht hat. Es kam also eine Verdammung des Origenes und seiner irrigen Lehren durch die Gesammtkirche zu Stande.

§ 6.
Dritte Periode: Bis zur Vertreibung der Origenisten aus der neuen Laura.

Der päpstliche Apokrisiar Pelagius und der Patriarch Menas hatten hauptsächlich aus dem Grunde das Gesuch der palästinensischen Mönche um Verurtheilung des Origenes beim Kaiser unterstützt, weil sie dadurch dem Einflusse des Theodoros Askidas auf Justinian ein Ende zu machen hofften [4]). Sie setzten voraus, dieser eifrige Origenist (Origenis defensor acerrimus) [5]) werde seine Unter-

---

[1]) Liberati Breviarium cap. 23 ed. Mansi IX Sp. 699 A.
[2]) Cassiodorii Institutiones div. lect. cap. 1 ed. Migne Patrol. lat. 70, 1111 C.
[3]) VS p. 366: καὶ πάντων τῶν κατὰ Παλαιστίνην ἐπισκόπων καὶ τῶν τῆς ἐρήμου ἡγουμένων τῷ αὐτῷ καθυπογραψάντων ἰδίκτῳ, παρεκτὸς Ἀλεξάνδρου τοῦ ἐπισκόπου Ἀβήλης.
[4]) Liberati Breviarium cap. 23 Sp. 698 E. 699 B.
[5]) Liberati Breviarium cap. 24 Sp. 699 B.

schrift verweigern und sich dadurch die Ungnade des Kaisers zuziehen. Aber ihre Erwartung sah sich getäuscht. Der geschmeidige Höfling unterzeichnete das Edict, wie Justinian es verlangte, und sprach somit über Origenes, seine Lehren und seine Anhänger das Anathem aus. Das Gleiche that Domitian von Ankyra (VS p. 365).

Mochte auch „ihre Heuchelei Allen offenbar" sein, wie Kyrillos von Skythopolis hinzufügt, ihre Stellung am Hofe büßte ihre Festigkeit nicht ein. Durch einen feinen Schachzug wußte Theodoros jetzt vielmehr die Ankläger des Origenes, seine Gegner, in eine schwierige Lage zu bringen. Origenismus und Gegnerschaft gegen Theodor von Mopsuestia waren damals innig miteinander verquickt. Liberatus und Facundus von Hermiane erblicken den Grund darin, daß Theodor von Mopsuestia verschiedene Schriften, speciell den Liber de allegoria et historia, gegen Origenes gerichtet habe [1]). Theodoros Askidas aber war, wie Liberatus andeutet, vorzüglich deshalb ein Feind des Mopsuesteners, weil er selbst monophysitischen Anschauungen huldigte (secta acephalus) und deshalb den Bischof von Mopsuestia, den intellectuellen Urheber des Nestorianismus, als einen Hauptgegner betrachtete. Der Vorwurf des Liberatus scheint nicht grundlos zu sein: auch die hohe Gunst, in der Askidas bei der sicher monophysitisch gesinnten Kaiserin Theodora stand [2]), weist auf diese Geistesrichtung des Origenisten hin.

---

[1]) Liberati Brev. cap. 24 Sp. 699 B: Et reserato aditu adversariis ecclesiae, ut mortuus damnaretur, Theodorus Caesareae Cappadociae episcopus, dilectus et familiaris principum, secta acephalus, Origenis autem defensor acerrimus et Pelagio aemulus, cognoscens Origenem fuisse damnatum, dolore damnationis eius ad ecclesiae conturbationem damnationem molitus est in Theodorum Mopsuestenum, eo quod Theodorus multa opuscula edidisset contra Origenem exosusque et accusabilis haberetur ab Origenistis et maxime quod synodus Chalcedonensis, sicut probatur, laudes eius susceperit in tribus epistolis. — Facundi Pro defensione trium capitulorum III, 6 ed. Migne Patrol. lat. 67, 602 B: Idem Theodorus in libro de allegoria et historia, quem contra Origenem scripsit (unde et odium Origenistarum incurrit), dicit ad Cerdonem etc.

[2]) Liberatus cap. 24 Sp. 699 C. Von Neueren urtheilt so zum Beispiel L. Duchesne, Vigile et Pélage: Revue des questions historiques XXXVI (1884) S. 396: Évidemment Askidas était acéphale ,in petto' et un acéphale d'autant plus à craindre qu'il cachait son jeu. Diese Forderung war überhaupt zuerst von monophysitischer Seite aufgestellt worden, daß Theodor von Mopsuestia, Diodor von Tarsos, Theodoret von Kyros u. A. verurtheilt werden sollten. Vgl. J. Punkes, Papst Vigilius und der Dreikapitelstreit. München

Auf der anderen Seite waren aber auch, wie wir noch besser sehen werden, Antiorigenismus und Vorliebe für Theodor von Mopsuestia häufig enge verbunden. Darum glaubte Theodor Askidas, in einem Anathem über den letzteren das geeignetste Mittel zu erkennen, nicht nur die allgemeine Aufmerksamkeit von der Verurtheilung des Origenes abzulenken und einem neuen Gegenstande zuzuwenden, sondern sich auch an seinen Gegnern zu rächen [1]. Von der Kaiserin unterstützt gelang es ihm und einigen Gesinnungsgenossen, dem Kaiser die Ueberzeugung beizubringen, durch die Verurtheilung des Mopsuesteners und seiner Schriften und des von Ibas geschriebenen Briefes werde der einzige Anstoß, den die Monophysiten noch an der Synode von Chalkedon nähmen, beseitigt, und alle würden zur katholischen Einheit zurückkehren. Justinian, dem die Wiederherstellung der kirchlichen Einheit so sehr am Herzen lag, beschäftigte sich gerade mit einer theologischen Arbeit gegen die Monophysiten zur Vertheidigung der chalkedonischen Synode. Aber der Plan des Askidas gefiel ihm so sehr, daß er sich mit Freuden bereit erklärte, das Anathem zu sprechen; und als Theodor Askidas und seine Partei weiter in ihn drangen, auch die Schriften Theodorets von Kyros gegen Kyrillos von Alexandrien in sein Verwerfungsurtheil aufzunehmen und ein Edict gegen die drei Capitel zu erlassen, befolgte er den Rath, um, wie er meinte, der guten Sache zu dienen [2].

Dieser Bericht stammt zwar von einem heftigen Gegner des Askidas, dem unnachgiebigen Vertheidiger der drei Capitel Liberatus, dem der gleichfalls voreingenommene Facundus von Hermiane zur Seite tritt [3]; aber der unparteiische Evagrios bestätigt die Nachricht im Wesentlichen [4], und sogar ein Freund des Askidas, der Origenist Domitianos von Ankyra, gibt in einer Denkschrift an

---

1864. S. 81—35. Die dort angeführten Zeugnisse lassen sich noch sehr vermehren.

[1] Das erstere war, wie A. Dobroklonskij, Die Schrift des Facundus von Hermiane Pro defensione trium capitulorum. Moskau 1880 [russisch] S. 80 ausführt, das Hauptmotiv. Die Rache für die vorhergegangene Verdammung des Origenes kann erst in zweiter Linie das Vorgehen des Askidas bestimmt haben, da der Ibasbrief und die Schriften Theodorets gegen Kyrillos mit Origenes nichts zu thun haben.

[2] Liberati Brev. cap. 24 Sp. 699.

[3] Facundi Pro def. trium capit. I, 2 a. a. O. Sp. 532 B.

[4] Evagrii Historia eccles. IV, 38 ed. Migne Patrol. gr. 86, 2, 2773.

den Papst Vigilius, worin er sich über die Gegner der origenistischen Lehren beschwert, offen zu, daß dies der wahre Sachverhalt sei: Als das Anathem über die Präexistenz- und die Apokatastasislehre und somit, scheinbar bloß über Origenes, in Wirklichkeit aber über alle heiligen Lehrer vor ihm und nach ihm gesprochen worden war, wollten die Vertheidiger jener Dogmen das Urtheil unter keiner Bedingung ausführen. Sie wandten sich daher von diesem Streite ab, warfen sich auf einen anderen Gegenstand und suchten gegen Theodor, den ehemaligen Bischof von Mopsuestia, eine Bewegung hervorzurufen. Sie begannen dahin zu wirken, daß auch dieser verdammt und dadurch (so meinten sie) das gegen Origenes Geschehene ganz niedergeschlagen werde [1]). — Domitian selbst scheint nach diesen Worten mit dem Feldzuge der Origenisten gegen Theodor von Mopsuestia nicht ganz einverstanden gewesen zu sein. Er spricht von ihrem Vorgehen, um zu zeigen, welche Verwirrungen der Angriff der Antiorigenisten herbeigeführt hat. Es ist ihm augenscheinlich nicht recht, daß so Viele die Sache des Origenes als völlig abgethan behandelten. Dies bestätigt sich uns durch eine in Add und Slav erhaltene Nachricht über den Bischof von Ankyra. Er habe das kaiserliche Edict gegen Origenes zwar unterzeichnet, aber heuchlerisch; denn als er es unterschrieben hatte und dann erfuhr, daß einige Parteigänger verborgen geblieben waren und nicht unterschrieben hatten, verfiel er in Trauer und Schwermuth, schor seinen Bart, sagte sich von der katholischen Gemeinschaft los, und so starb er an der Wassersucht zu Konstantinopel außerhalb der Gemeinschaft [2]). Er hat also seine Verurtheilung des Origenes wohl offen zurückgezogen und den Kirchenbann auf sich genommen, wie auch sein Libellus an den Papst Vigilius errathen läßt. Als Facundus sein Werk Pro defensione trium capitulorum schrieb (546/547), war Domitian bereits verschieden.

---

[1]) Domitian. Ancyr. bei Facundus a. a. O. I, 2 Sp. 532 C: Domitianus Ancyrensis quidem civitatis episcopus provinciae primae Galatiae, qui fuit ipsius Origenianae haeresis manifestus assertor, per libellum quem ad beatissimum papam Vigilium scripsit Deo extorquente confessus est, quod eius complices Origeniani, cum viderent non se posse proprium dogma defendere, neque sibi quidquam spei de conflictu restare, ad ultionem eorum quae contra Origenem gesta sunt, haec ecclesiae scandala commoverunt. Vgl. IV, 4 Sp. 627.

[2]) Add zu VS p. 365, Slav p. 491.

Das Edict Justinians gegen die drei Capitel ist nicht auf uns gekommen. Wir kennen auch das Datum der Veröffentlichung nicht. Da Theodor Askidas aber jedenfalls nicht lange gezögert hat, auf die bezeichnete Weise die Dreicapitelangelegenheit in den Vordergrund zu rücken und an seinen Gegnern Rache zu nehmen, so steht nichts im Wege, auch dieses Edict noch dem Jahre 543 zuzuweisen.

Es ist unnöthig, hier die Folgen des Edictes im gesammten Reiche in Betracht zu ziehen. Nur die Wirkungen, die es auf den ferneren Verlauf der origenistischen Streitigkeiten ausübte, haben uns zu beschäftigen. Wie wir durch Facundus von Hermiane erfahren, stieß das Edict, über dessen Opportunität man sehr verschiedener Meinung sein konnte [1]), wie bei Menas von Konstantinopel und bei Zoïlos von Alexandrien [2]), so auch bei Ephräm von Antiochien und Petros von Jerusalem anfänglich auf entschiedenen Widerspruch. Aber gleich jenen unterschrieben auch diese Patriarchen nach kurzer Zeit. Ephräm ließ sich dazu herbei, als ihm die Absetzung angedroht wurde. Petros griff wieder zu dem Mittel, das er ein Jahr zuvor mit so gutem Erfolge gegen die Origenisten in Anwendung gebracht hatte; er trug den Mönchen der Wüste auf, ihm eine Denkschrift zu überreichen, die sich gegen die Anathematisirung des Mopsuesteners aussprach. Auch eine große Demonstration nach Art derjenigen, die sich im Mai 513 und im Herbste 516 so wirksam erwiesen hatten, scheint in Scene gesetzt worden zu sein. Eine große Schaar von Mönchen eilte nach Jerusalem zum Patriarchen, und er erklärte unter einem Eide: Wenn Jemand dem neuen Decrete zustimme, so handle er

---

[1]) Vgl. C. J. v. Hefele, Conciliengeschichte II² S. 802—808.

[2]) Facundi Pro defensione trium capitulorum IV, 4 Sp. 625 B: Nam primus confirmator eorum Mennas Constantinopolitanus episcopus, cum adhuc cunctaretur scripto, sicut praeceptum fuerat, eis praebere consensum, contra synodum Chalcedonensem fieri protestatus est. Sed et posteaquam consensit..., sub ea condicione cessisse et iuratum sibi fuisse respondit (scil. Stephano diacono), quod chirographum suum reciperet, si haec Romanus episcopus non probaret. Sp. 626 AB: Zoilus quoque Alexandrinae urbis antistes, cum Romanum episcopum venire cognosceret, obviam illi ad Siciliam misit, conquerens necessitate se ad ipsius decreti affirmationem fuisse compulsum. Quod hic ei postquam venit idem Romanus episcopus in facie palam, nobis quoque inter alios praesentibus, exprobravit. Vgl. Facundi Liber contra Mocianum ed. Migne Patrol. lat. 67, 861 CD.

dem Concil von Chalkedon entgegen [1]). Trotzdem unterwarf er sich, und zwar, wie es scheint, in Konstantinopel. Er machte nämlich um jene Zeit, wie Kyrillos sagt, eine Reise in die Kaiserstadt. Hier wird er die Denkschrift der Mönche überreicht haben, die aber nicht angenommen wurde. So ist es auch am Besten zu erklären, daß Theodoros Askidas ihm bei diesem Aufenthalte in Konstantinopel zwei origenistisch gesinnte Synkellen aufnöthigen konnte (VS p. 367). Petros befand sich eben in der Lage eines Angeklagten, von der Ungnade des Kaisers Getroffenen, der nur durch volle Gefügigkeit seine Stellung retten konnte [2]).

Mittlerweile hatte Askidas seine Macht auch in anderer Weise zu Gunsten der Origenisten in Palästina geltend gemacht. Als das Edict gegen Origenes im Februar 543 in Jerusalem publicirt wurde (VS p. 366), verweigerten die Neolauriten Nonnos und Petros — Add und Slav p. 493 nennen außerdem: Menas, Johannes, Kallistos, Anastasios — mit den übrigen Häuptern der origenistischen Partei die Annahme desselben und schieden dadurch aus der katholischen Gemeinschaft aus. Sie „verließen" (wohl nicht ganz aus freien Stücken) die neue Laura und hielten sich in der πεδιάς auf. Als die Kunde davon nach Konstantinopel kam, hatten der eifrige Leontios von Byzanz und sein Gönner, der πάπας Eusebios, bereits das Zeitliche gesegnet. Theodor Askidas aber säumte nicht, die den Seinigen zugefügte Schmach zu rächen. Er ließ die

---

[1]) Facundi Pro defensione trium capitulorum IV, 4 Sp. 626 B: Necnon et Ephraemius Antiochenus, cum primum ei mandaretur, ut hoc etiam ipse rescribendo firmaret, consentire noluit. At postquam ei denuntiatum est quod excludendus esset, nisi faceret, sui potius honoris quam veritatis dilector inventus est. Quid etiam Petrus Hierosolymitanus? nonne publica notitia refert, quoniam conveniente ad se multitudine monachorum iuratus pronuntiavit, quod si quis eidem decreto novitio consentiret, contra Chalcedonense concilium faceret, nec tamen se ab eius consensione suspendit? Hiermit ist zu verbinden, was hinsichtlich der Denkschrift der Mönche VS p. 369 überliefert wird: Ἐγὼ δὲ σφόδρα μεταμεμέλημαι καθυπογράψαι τῷ γενομένῳ ὑπὸ τῆς ἐρήμου λιβέλλῳ κατ' ἐπιτροπὴν τοῦ πατριάρχου πρὸς τὸ μὴ ἀναθεματισθῆναι αὐτόν [scil. Θεόδωρον Μοψουεστίας]. πλὴν ὅτι ὁ θεὸς τῆς ἑαυτοῦ κηδόμενος ἐκκλησίας τὸν μὲν λίβελλον ἀπαράδεκτον γενέσθαι ᾠκονόμησεν, αὐτὸν δὲ Θεόδωρον ἀναθεματισθῆναι ηὐδόκησε.

[2]) Daß Petros von Jerusalem in Sachen der drei Capitel nach Konstantinopel berufen worden ist, dürfen wir auch daraus schließen, daß dem Papste Vigilius ein Gleiches widerfahren ist, und daß auch der Patriarch Zoïlos von Alexandrien (siehe oben S. 54 Anm. 2) in Konstantinopel zur Unterschrift genöthigt worden ist.

Apokrisiarier der Hagia Anastasis (Auferstehungskirche in Jerusalem) herbeiholen und stieß ihnen gegenüber die zornige Drohung aus: „Wenn der Patriarch Petros die Väter (der neuen Laura) nicht durch eine Erklärung aussöhnt und sie in ihr Kloster zurückführt, so sorge ich in diesen Tagen für seine Absetzung." Außerdem trieb er Nonnos und seine Sippe an, dem Erzbischof folgendermaßen zu schreiben: „Wir bitten Eure Heiligkeit, durch irgend eine maßvolle Erklärung unsere Seelen zu heilen und mit allem Freimuth die allgemeine Versicherung zu geben: ‚Gelöst soll sein und gelöst ist im Namen des Vaters und des Sohnes und des heiligen Geistes jeder Bannspruch, der Gott nicht wohlgefällig ist'. Mit einer solchen Erklärung wollen wir uns zufrieden geben, wenn ihr auch die Genauigkeit im Kleinen fehlt." Der Patriarch erkannte in dem Briefe das Werk des Askidas, und so verwirrend und ungesetzlich die geforderte Erklärung auch war, er gab sie nach einigem Sträuben aus Furcht vor jenem mächtigen Manne ab, und die Origenisten zogen wieder in die neue Laura ein (VS p. 366 sq.).

Kurz darauf *(τότε)* machte Petros seine bereits erwähnte Reise nach Byzanz, wo er nach dem Willen des Askidas den Alexandriner Petros und Johannes den Runden *(τὸν στρόγγυλον)* als Synkellen annehmen mußte. Askidas erhob damals außerdem Johannes den Eunuchen, der die Siedelei des Martyrios leitete, zum Hegumenos der *νέα ἐκκλησία*[1]). Jetzt hatten Nonnos und sein Anhang freies Spiel. Ungestört predigten sie allenthalben ihren Irrthum. Zugleich aber suchten sie sich an den Vätern der größten Laura, die unter ihrem Abte Gelasios den origenistischen Gelüsten festen Widerstand entgegensetzten, fortwährend zu reiben. Sie reizten Laien gegen dieselben auf, so daß es vorkam, wenn einer von ihnen die heilige Stadt betrat, daß er verspottet, als Sabait beschimpft und aus der Stadt vertrieben wurde. Selbst vor Schlägen waren die orthodoxen Mönche nicht mehr sicher. Die Gegensätze wurden endlich so schroff, daß es zu einer förmlichen Schlacht und zu einem Sturme auf das Fremdenhospiz der größten Laura kam, wobei Theodulos, einer der *Βέσσοι*[2]) vom Jordan, die den

---

[1]) Letzteres wissen wir wiederum nur aus Add zu VS p. 367 und Slav p. 497.

[2]) Hierzu vgl. H. Usener, Der heilige Theodosios S. 150.

Vätern zu Hülfe gekommen waren, durch einen Steinwurf zu Tode getroffen wurde (VS p. 367 sq.).

In ihrer Bedrängniß entschlossen sich die Mönche der größten Laura, den Kaiser von diesen Vorgängen in Kenntniß zu setzen. Als ihr Vertreter begab sich der Abt Gelasios im Sommer des Jahres 546 nach Konstantinopel. Zwei Jahre zuvor hatte Gelasios die Denkschrift zu Gunsten des Theodoros von Mopsuestia unterschrieben, die die Mönche dem Patriarchen Petros überreichten. Da er als Freund des Mopsuesteners nicht auf eine gnädige Aufnahme bei Justinian rechnen durfte, so mochte er glauben, vor seiner Abreise durch eine feierliche Erklärung sein Bedauern über seine frühere Stellungnahme aussprechen zu sollen. Er versammelte die Mönche in der Kirche der größten Laura, entbot ihnen den Gruß und sprach: „Sehet, Väter, Eurem Wunsche gemäß reise ich nach Konstantinopel, ohne zu wissen, was mir auf dem Wege begegnen wird. Ich beschwöre Euch daher, daß Ihr keinen von den Anhängern des Theodor von Mopsuestia, des Häretikers, bei Euch wohnen lasset. Hat doch auch unser heiliger Vater Sabas diesen mit dem Origenes verabscheut. Ich aber bereue es lebhaft, den Libellus unterschrieben zu haben, der auf Veranlassung des Patriarchen von den Mönchen der Wüste verfaßt worden ist, auf daß Jener (Theodoros) nicht anathematisirt werde. Doch Gott, der für seine Kirche sorgt, hat die Zulassung des Libellus verhütet und den Theodoros mit dem Banne belegen lassen." Dann nahm Gelasios Abschied und trat seine Reise an (VS p. 368 sq.).

Askidas jedoch erlangte von seiner Ankunft in Byzanz rechtzeitig Kunde und gab Befehl, daß man weder im Waisenhause noch in der Patriarchenwohnung noch im Palaste einen von Jerusalem eintreffenden Mönch annehmen solle. Diesen Schwierigkeiten gegenübergestellt verlor Gelasios den Muth und verließ Byzanz, um auf dem Landwege nach Palästina zurückzukehren. Unterwegs aber ereilte ihn in Amorion (in Großphrygien) „im October der neunten (richtig: zehnten) Indiktion" [1] d. i. 546 der Tod — ein schweres Verhängniß für die orthodoxe Partei. Wohl versuchten die Väter der größten Laura von dem ihnen im Grunde des Herzens günstig gesinnten Patriarchen Petros einen neuen

---

[1] Slav p. 505 hat hier wirklich: „im October der zehnten Indiktion", verlegt jedoch kurz darauf ein späteres Ereigniß in Uebereinstimmung mit VS p. 370 in den „Februar der neunten Indiktion" (p. 509).

Hegumenos zu erhalten. Aber der Widerstand der den Patriarchen tyrannisirenden Synkellen vereitelte es; auf ihren Befehl wurden die Mönche unter Schimpf und Schlägen von der Wohnung des Bischofs fortgejagt (VS p. 389).

Da ließen denn fast Alle die Hoffnung auf den Sieg ihrer Sache fahren und durch mancherlei Lockmittel bethört oder aus Unwissenheit oder aus Furcht vor Gewaltthätigkeiten gingen sie in das Lager ihrer Gegner über. Sie ließen es zu, daß ein Origenist, namens Georgios, unter dem Schutze einer Leibwache als Hegumenos in die Laura eindrang und, wie Kyrillos von Skythopolis mit großem Schmerze meldet, „den Sitz unseres heiligen Vaters Sabas einnahm". Dies geschah, wie wir durch Add und Slav erfahren, „im Februar der neunten (sollte heißen: zehnten) Indiktion", also im Februar 547. Es begann alsbald eine große Verfolgung. Die treugebliebenen Väter mußten das Kloster räumen. Der ehrwürdige dreiundneunzigjährige Johannes Hesychastes verließ die Zelle, die er schon siebenunddreißig Jahre lang als Incluse bewohnt hatte, und zog sich mit seinen Gesinnungsgenossen auf den Oelberg zurück. An demselben Tage aber, da diese aus dem Kloster weichen mußten, ward Nonnos, „der Feinde Führer und der Gottlosigkeit Haupt", durch einen plötzlichen Tod dahingerafft (VS p. 370).

Der neue Abt Georgios bewährte sich indessen so wenig, daß seine eigenen Leute ihn nach sieben Monaten, im September 547, verstießen. Die größte Laura erhielt jetzt nach dem Beschlusse des Patriarchen in der Person des Abbas Kassianos einen neuen Hegumenos. Dieser, aus Skythopolis gebürtig, vom heiligen Sabas in das Mönchsleben eingeführt, war bereits um das Jahr 536 ein angesehener Presbyter des Sabasklosters[1]); sodann hatte er acht Jahre lang die Sukaslaura trefflich und im orthodoxen Glauben geleitet und sich außerdem durch die Gründung der Siedelei des Zungas in Skythopolis verdient gemacht (Add und Slav p. 513). Wahrscheinlich waren die Origenisten durch den gründlichen Mißerfolg, den sie mit dem von ihnen präsentirten Abte Georgios erlitten hatten, zu größerer Zurückhaltung gemahnt worden, so daß sie den Patriarchen an der Ernennung des Nachfolgers nicht ge-

---

[1]) Er war der Vertreter des Klosters auf der Synode zu Konstantinopel im Jahre 536; vgl. Mansi VIII Sp. 883.

hindert haben. Kassians Amtsdauer reichte jedoch nur bis zum „20. Juli der zehnten (corr.: elften) Indiktion" (Add); er starb nach zehn Monaten im sechszehnten Jahre nach dem Tode des Sabas, d. i. am 20. Juli 548 (VS p. 371; vgl. oben S. 13).

Kein einziges Ereigniß dieser Zeit hat Kyrillos von Skythopolis aufzuzeichnen für nöthig erachtet. Viel hingegen weiß er von dem durch die Väter der größten Laura erwählten — von einer Mitwirkung des Patriarchen ist nicht die Rede — Nachfolger Kassians zu rühmen. Es war der Lykier Konon, ein Mann, durch seine mönchischen Tugenden und orthodoxen Lehren weitberühmt, der durch die Reinheit seines Lebens, durch seine einfache Sinnesart und sein mildes Wesen und durch seine Gabe der Unterscheidung der Geister alle Väter erbaut hat[1]). Seinen Bemühungen ist es zu verdanken, daß die zerstreute Heerde des heiligen Sabas sich wieder sammelte und ihre alte Größe und ihren Ruhm wiedergewann (VS p. 371 sq.).

In hohem Maße kam ihm zu statten, daß seit dem Tode des Nonnos (Februar 547) Uneinigkeit die Reihen der Origenisten spaltete und schwächte. Leider sind wir über die dogmatischen Anschauungen, die die Spaltung hervorriefen, nicht hinreichend unterrichtet. Die Bewohner der neuen Laura auf der einen Seite wurden von ihren Gegnern, den Mönchen der Laura des Firminos, ἰσόχριστοι genannt, während sie selbst den Firminioten die Namen πρωτοκτίσται und τετραδῖται beilegten. Das ist das Einzige, was Kyrillos darüber mittheilt. Er glaubte wohl, mit Grund sich weiterer Angaben überheben zu dürfen, da zu der Zeit, als er die VS schrieb, einige orthodoxe Mönche damit beschäftigt waren, die Lehren beider Parteien in einer eingehenden Abhandlung an den Pranger zu stellen[2]). Leider ist von diesem Werke nichts auf uns gekommen, und auch die übrigen Quellen zur Kenntniß des Origenismus fließen so spärlich, daß wir uns kein völlig klares Bild von den Lehreigenthümlichkeiten der genannten Parteien entwerfen können.

Kyrillos meint, daß es Jedem leicht sei, aus den wechselseitigen Benennungen die Gottlosigkeit der Streitenden zu erkennen,

---

[1]) VS p. 371 und Add. Von demselben Konon ist die Rede in Ioannis Moschi Pratum spirituale cap. 42 ed. Migne Patrol. gr. 87, 3, 2896 C.

[2]) VS p. 372: καὶ ἡ μὲν τῶν ἀμφοτέρων πολυσχεδὴς ἀσέβεια κατὰ τὸν παρόντα χρόνον ὑπό τινων θεοφιλῶν ἀνδρῶν τῆς ἡμετέρας ἀγέλης ἀκριβεστέρῳ τε καὶ πλατυτέρῳ λόγῳ στηλιτεύεται καὶ τῆς προσηκούσης τυγχάνει ἀνατροπῆς.

da die Namen von ihren eigenthümlichen Dogmen hergenommen seien (VS p. 372). Aber für uns trifft dies nur bezüglich der Isochristen zu. Es wird durch eine Reihe von Zeugnissen von origenistischer und orthodoxer Seite durchaus sicher gestellt, daß nach der Meinung vieler Origenisten die Menschen in der Apokatastasis Christo ganz gleich *(ἴσοι τῷ Χριστῷ)* werden [1]). Die Namen Protoktisten und Tetraditen jedoch lassen sich kaum ganz befriedigend erklären. Daß der Ausdruck Tetraditen die Gewohnheit, auf Ostern zu fasten, und manichäische Anschauungen andeute, wie J. B. Cotelier annimmt [2]), weil das Wort an anderen Stellen (aber auch in ganz anderem Zusammenhange!) so zu verstehen ist, erscheint wenig glaubhaft. Zu *πρωτοκτίσται* bemerkt a. a. O. derselbe Gelehrte allzu unbestimmt: „A Christo prima creatura credito, ni fallor."

Eins ist jedenfalls sicher, daß die Protoktisten nicht isochristisch dachten. Sie hielten diese Theorie für unvereinbar mit der Würde Christi und stellten Christus nach seiner menschlichen Natur über alle anderen Geschöpfe. So kamen sie einerseits in ihrer Lehre von der Apokatastasis den Orthodoxen näher, als die Isochristen, vielleicht noch näher, als der Gegensatz der beiden Namen errathen läßt. Denn als die Protoktisten sich später mit den Orthodoxen vereinigten, schwur das Haupt ihrer Partei den Irrthum von der Präexistenz ab; die Apokatastasislehre blieb unerwähnt (VS p. 373). Andererseits aber werden sie, wenn sie Christus eine ganz exceptionelle Stellung in der creatürlichen Welt zuerkennen und dabei doch an der Präexistenz festhalten wollten, auch über den Anfang des geschöpflichen Seins anders gelehrt haben, als die Isochristen. Diese behaupteten, daß geistige Wesen *(νόες)* ohne Zahl und Namen waren, so daß alle Vernunftwesen

---

[1]) So lehrte der allerdings noch viel weiter fortgeschrittene Bar Sudaili (vgl. oben S. 34); so auch Theodoros Askidas (siehe unten S. 61 Anm. 2); so wird die Lehre der Origenisten auch durch ihre Gegner dargestellt, z. B. durch den Abt Kyriakos in der Vita Cyriaci des Kyrillos von Skythopolis (Acta SS. Sept. VIII S. 153: *λέγουσιν, ὅτι γινόμεθα ἴσοι τοῦ Χριστοῦ ἐν τῇ ἀποκαταστάσει*), durch Justinian (vgl. unten S. 61 Anm. 1), Sophronios von Jerusalem (Epist. synodica bei Mansi XI Sp. 492 B–E) u. A.

[2]) In den Noten zur VS col. 624: *Τετραδίτας*. Quod in Paschate jejunarent, et Manichaeismo essent afflati; ut mecum colliget quicumque legerit cum Harmenopulo et Blastare Balsamonem in expositione Canonis 7. Synodi Cp. generalis, atque Scholium ad Codicem 179. Bibliothecae Photianae.

(λογικά) durch die Identität ihrer Substanz und Wirksamkeit, durch ihre Kraft, ihre Vereinigung *(ένώσει)* mit dem Gott Logos und ihre Erkenntniß eine Einheit *(ένάς)* bildeten. Auch der νοῦς Christus gehörte zu dieser Einheit, ohne jeden Unterschied von den übrigen λογικά, sei es in der Substanz oder Erkenntniß oder Macht oder Thätigkeit [1]. Dieser strengen Gleichsetzung Christi mit allen Vernunftwesen, die naturgemäß auch in der angeblichen Apokatastasis zu demselben Zustande zurückführte, versagten die Protoktisten ihre Anerkennung. Sie bezeichneten, das dürfen wir wohl aus dem Namen entnehmen, den νοῦς Christus als das erste und vorzüglichste aller Geschöpfe; und nur ihm, nicht den übrigen νόες, schrieben sie die Vereinigung mit dem Gott Logos zu. Darum mögen ihnen ihre Gegner vorgehalten haben, daß sie die τριάς zu einer τετράς erweiterten, da ihr Christus, von Anbeginn mit Gott vereint, über alle Geschöpfe erhaben und in die Gottheit aufgenommen erscheine. In dieser Art werden die Namen πρωτοκτίσται und τετραδῖται vielleicht entstanden sein.

Der in Byzanz allmächtige Bischof Theodoros Askidas stand, wie Kyrillos versichert und das einzige aus dieses Bischofs Schriften erhaltene kurze Fragment bestätigt [2], auf Seiten der Isochristen und bemühte sich, ihnen durch Verleihung vieler Bischofssitze und Abteien in Palästina das Uebergewicht zu verschaffen. Da brachte denn das gemeinsame Leid die Orthodoxen und die Protoktisten einander näher. Es kam eine Einigung zwischen ihnen zu Stande, die in der Hagia Sion zu Jerusalem zwischen dem Abte Konon und dem Hegumenos der Firminioten, Isidoros, feierlich besiegelt wurde. Der letztere versprach, nie mehr für die Lehre von der Präexistenz eintreten, sondern mit aller Kraft an der Seite Konons wider den Irrglauben kämpfen zu wollen. Darauf reisten sie gemeinsam nach Konstantinopel „im Beginn der fünfzehnten (sollte

---

[1] Iustiniani Epist. ad synodum de Origenistis; vgl. unten S. 90 ff. den Wortlaut.

[2] Evagrios will es aus den Acten der fünften ökumenischen Synode entnommen haben (Hist. eccl. IV, 38 a. a. O. Sp. 2777 C—2780 A): Ἐν τούτοις ἔστι πέμπτον κεφάλαιον τῶν βλασφημηθέντων ἀπὸ ἰδικῶν προσώπων τῆς καλουμένης νέας λαύρας ἔχον ὧδε· Θεόδωρος ὁ Ἀσκιδᾶς ὁ Καππαδόκης εἶπεν· Εἰ νῦν οἱ ἀπόστολοι καὶ οἱ μάρτυρες θαυματουργοῦσι καὶ ἐν τῇ τοσαύτῃ τιμῇ ὑπάρχουσιν, ἐν τῇ ἀποκαταστάσει εἰ μὴ ἴσοι γένοιντο τῷ Χριστῷ, ποία ἀποκατάστασις αὐτοῖς ἐστιν;

heißen: ersten) Indiktion", also im September 552 (VS p. 373, vgl. oben S. 28).

Zwar hatten sie in der Hauptstadt unter der Willkür des Askidas zu leiden. Aber sie hielten aus und gelangten zum Siege. Nach Verlauf weniger Tage nämlich *(ὀλίγων γὰρ διελϑουσῶν ἡμερῶν)*, wahrscheinlich im Anfang des October, wie wir oben S. 28 sahen, starb der Erzbischof Petros. In ihrer Anmaßung erhoben die Neolauriten an seiner Statt den Makarios und verursachten dadurch neue Unruhen in Jerusalem, so daß der Kaiser über Theodor Askidas und die Origenisten höchst ungehalten Makarios wieder zu entfernen befahl. Konon und seine Gefährten (Isidoros war unterdessen gestorben) benützen die Gunst des Augenblicks, sie stellen dem Kaiser ihre Lage vor und überreichen ihm einen Libellus, worin sie „die gesammte Gottlosigkeit der Origenisten aufgedeckt" hatten. Für den Patriarchenstuhl bringen sie Eustochios, den Oekonom der Kirche von Alexandrien, der sich eben in Konstantinopel aufhält, in Vorschlag, und Justinian ertheilt, wahrscheinlich im Dezember 552, seine Zustimmung dazu (VS p. 373 sq.).

Während der Abt Konon in Byzanz blieb, eilte der neue Patriarch nach Jerusalem, um von seiner Kirche Besitz zu nehmen. Die dort herrschende Spannung erforderte seine persönliche Anwesenheit, so daß er zu der bereits angesagten ökumenischen Synode Vertreter entsenden mußte. Er bestimmte dazu die drei Bischöfe Stephanos von Raphia, Georgios von Tiberias und Damianos von Sozusa[1]), denen er den Abt Eulogios vom Theodosioskloster, um dessen Entsendung Konon ausdrücklich gebeten hatte, und zwei andere Hegumenen als Begleiter mitgab (VS p. 374). Die Namen der letzteren erfahren wir aus Add und Slav p. 525: es waren Kyriakos von der Laura *Πηγή* und der Stylit Pankratios, ebendieselben, die nach dem Zeugnisse des Evagrios im Verein mit Eulogios und Konon zur Zeit des allgemeinen Concils dem Kaiser eine Klageschrift gegen die Lehren des Origenes und gegen die Origenisten überreicht haben[2]). — Die Abreise des Eustochios nach Jerusalem ist vor dem 6. Januar 553 erfolgt, da er sonst ohne Zweifel das vom Patriarchen Eutychios von Konstantinopel dem Papste Vigilius an diesem Tage überreichte Glaubensbekennt-

---

[1]) Ihre Namen sind durch die Acten der fünften allgemeinen Synode bezeugt.

[2]) Evagrii Hist. eccles. IV, 38 ed. Migne Patrol. gr. 86, 2, 2777 A.

niß unterschrieben hatte, wie es die Patriarchen Apolinarios von Alexandrien und Domninos von Antiochien sowie die Bischöfe Elias von Thessalonich u. s. w. gethan haben [1]). Da von seiner Ankunft in Palästina bis zu der Entsendung seiner Stellvertreter immerhin einige Zeit vergehen mußte, so sind diese schwerlich vor Ende Februar 553 in Konstantinopel eingetroffen.

Ueber die wahre Veranlassung der fünften allgemeinen Synode läßt uns Kyrillos von Skythopolis in Unkenntniß. Oder vielmehr, er ruft durch seine Berichterstattung den falschen Schein hervor, daß der Kaiser sich zur Berufung der Synode erst durch das Drängen der palästinensischen Mönche und somit primär durch die origenistischen Wirren habe bestimmen lassen. Zwar erwähnt Kyrillos auch die Verurtheilung Theodoros' von Mopsuestia; aber nur ganz beiläufig. Seine Worte, über deren historische Wahrheit wir im Folgenden noch zu verhandeln haben, lauten: „Als somit die heilige und ökumenische fünfte Synode in Konstantinopel versammelt war, wurden Origenes und Theodoros von Mopsuestia und die Aussprüche des Evagrios und Didymos über die Präexistenz und die Apokatastasis in Gegenwart und unter Zustimmung der vier Patriarchen mit dem gemeinsamen und allgemeinen Anathem belegt" [2]). Es ist klar, der Schriftsteller der Wüste kann dem Vorwurfe einseitiger Berichterstattung nicht entgehen. Die Vita Sabae ist ihm unter der Hand zu einer, auch von rauhen Ausfällen nicht ganz freien, antiorigenistischen Parteischrift geworden, worin von den Interessen und Angelegenheiten der Partei alles andere in den Hintergrund gedrängt wird. Aber es scheint mir, daß diese Tendenz für sich allein ausreicht, die lückenhafte und schiefe Geschichtserzählung Kyrills zu erklären. Man darf nicht mit Loofs [3]) annehmen, derselbe habe auch im Sinne und zu Gunsten einer Partei geschrieben, die Theodor von Mopsuestia besondere Sympathieen entgegenbrachte. Nur das ist zuzugeben, daß er die unter den Mönchen zeitweise stark hervortretende

---

[1]) Mansi IX Sp. 185A—188C. Auch im sogenannten Constitutum des Papstes Vigilius ed. O. Günther, Epistulae imperatorum, pontificum, aliorum etc. (Corpus script. eccl. lat. XXXV, 1) Wien 1896 S. 232—234.

[2]) VS p. 374. Vgl. Vita Euthymii p. 96: τῆς οἰκουμενικῆς ἁγίας πέμπτης συνόδου ἐν Κωνσταντινουπόλει συναθροισθείσης καὶ τῶν Ὠριγένους καὶ Νεστορίου δογμάτων ὑπ' αὐτῆς ἀναθεματισθέντων.

[3]) Fr. Loofs, Leontius von Byzanz S. 288.

Vorliebe für den Mopsuestener ziemlich schonend verurtheilt. Daß er sie aber verurtheilt, kann nicht bestritten werden. Für ihn war das Verwerfungsurtheil seiner beiden leuchtenden Vorbilder Sabas und Johannes Hesychastes maßgebend. Sabas aber hat 531 zu Konstantinopel die Anhänglichkeit einiger Mönche an Theodor von Mopsuestia als Begünstigung des Nestorianismus bezeichnet und geahndet (siehe oben S. 36); und von Johannes erwähnt Kyrillos, daß er wie gegen Origenes so auch gegen Theodor von Mopsuestia gekämpft hat[1]). Unser Autor ist auch in dieser Hinsicht gewiß kein entarteter Jünger dieser beiden großen Eremiten gewesen. Freilich hat er von dem Edicte Justinians gegen die drei Capitel fast völlig geschwiegen; nur einmal spielt er undeutlich darauf an (VS p. 348); aber er hätte sonst ja zugestehen müssen, daß Theodoros Askidas zu diesem guten Werke die Veranlassung geboten, er hätte nicht übergehen können, daß die Patriarchen Ephräm und Petros und zahlreiche Mönche, seine eigenen Parteifreunde, sich anfangs der Verdammung der drei Capitel widersetzt hatten. Zwar an etwas verborgener Stelle theilt er das letztere mit, aber sicher nicht, weil er selbst Theodor von Mopsuestia geneigt war; in seiner Mittheilung liegt der Accent auf der Erklärung des Abtes Gelasios, daß er sein Eintreten zu Gunsten Theodors, „des Häretikers", tief bereue, und auf seiner dringenden Mahnung, niemals einem Freunde dieses Mannes Einlaß in die Laura zu gewähren (siehe oben S. 57). Hätte Kyrillos von Skythopolis Vorliebe für den Mopsuestener besessen, so hätte er eher die Bemühungen der Patriarchen und der Mönche gegen die Verurtheilung Theodors hervorgehoben und die nachträgliche Erklärung des Abtes Gelasios mit Stillschweigen übergangen. Also bloß eine gewisse Schonung und Nachsicht, aber nicht „eine grelle Parteifärbung" zu Gunsten der Freunde Theodoros' von Mopsuestia ist in Kyrills Schriften wahrzunehmen. Nur sein antiorigenistischer Eifer gibt den Lebensbildern, die er geschaffen, ein polemisches Gepräge.

Doch kehren wir zu den Nachrichten vom origenistischen Kriegsschauplatze zurück. Nach dem Schluß der Synode schickte der Kaiser die Acten derselben nach Jerusalem. Eustochios ver-

---

[1]) Vita Ioannis Hesychastae ed. Acta SS. Maii III S. 21*E: Καὶ ταῦτα μὲν τὰ ὀλίγα ἀναλεξάμενος γραφῇ παραδέδωκα, παραλείψας διηγήσασθαι τοὺς περὶ τῆς πίστεως αὐτοῦ ἀγῶνας, ὅσους ἐδείξατο (sic) κατὰ τῶν Ὠριγένους καὶ Θεοδώρου τοῦ Μοψουεστίας δογμάτων τε καὶ ὑπασπιστῶν.

sammelte seine Bischöfe um sich, und mit Ausnahme Alexanders von Abile, der deshalb abgesetzt wurde und bald darnach in Byzanz bei einem Erdbeben zu Grunde ging [1]), bestätigten sie sämmtlich die Beschlüsse „mit Hand und Mund". Die Mönche in der neuen Laura, die den Herd des ganzen Streites gebildet hatte, unterwarfen sich jedoch nicht und hoben die Gemeinschaft mit der katholischen Kirche auf. Acht Monate hindurch bemühte sich der Patriarch Eustochios, sie zur Anerkennung des Concils zu bewegen. Als alle Mahnungen nichts fruchteten, vertrieb er sie kraft kaiserlicher Vollmacht durch den dux Anastasios aus dem Kloster und aus der ganzen Eparchie.

Die neue Laura aber sollte nicht unbewohnt bleiben. Der Patriarch bevölkerte sie wieder mit sechzig Mönchen aus der größten Laura und sechzig aus den übrigen orthodoxen Klöstern der Wüste und ernannte einen gewissen Johannes zu ihrem Hegumenos. Auch Kyrillos von Skythopolis, der bis dahin dem Kloster des heiligen Euthymios angehört hatte, zog damals dort ein. Es geschah „am 21. Februar der zweiten (lies dritten) Indiktion", im dreiundzwanzigsten Jahre nach dem Tode des seligen Sabas, also am 21. Februar 555 [2]). Damit war den klösterlichen Genossenschaften Palästinas der langentbehrte Friede wiedergegeben, und der Origenismus hat sich nicht mehr zu größerer Bedeutung in der Geschichte aufzuschwingen vermocht.

Nur eins erübrigt noch, nämlich die Richtigkeit der zuletzt gegebenen Zeitbestimmung zu begründen. Noch Usener verlegt die Verjagung der Neolauriten in den März 554 [3]). Da die letzte Sitzung des fünften allgemeinen Concils, von der uns die Acten Kunde geben, am 2. Juni 553 stattfand, die Synode zu Jerusalem also vielleicht noch im Juli desselben Jahres zusammentreten konnte, so scheint es in der That, daß die achtmonatlichen vergeblichen Bemühungen des Eustochios, die Origenisten zur Nachgiebigkeit zu

---

[1]) Sehr wahrscheinlich war dies das furchtbare Erdbeben im August 554, das nach Johannes Malalas (Chronographia lib. XVIII ed. Dindorf S. 486 f.) vierzig Tage dauerte; Theophanes (Chronographia ed. de Boor I S. 229) verlegt es auf den 16. August, die Ἐκλογαὶ ἀπὸ τῆς ἐκκλησιαστικῆς ἱστορίας (ed. Cramer, Anecdota Parisiensia II S. 118) auf den 15. August (mit irriger Indiktionsangabe).

[2]) VS p. 375 sq. Die in Anführungszeichen stehenden Worte stammen aus Add und Slav p. 531.

[3]) H. Usener a. a. O. S. XIII.

bewegen, sich bis zum März 554 erstreckt haben. Damit läßt sich aber das obige Datum des Einzuges der Orthodoxen in die neue Laura wohl nicht vereinigen; denn es ist nicht anzunehmen, daß das Kloster fast ein Jahr lang leer gestanden hat. Indeß bietet das „Leben des Kyriakos" einen weiteren Beweis für die Richtigkeit des Datums. Kyriakos ist am 9. Januar 448 geboren. Seit dem September 465 lebte er in den Klöstern Palästinas, am längsten, seit dem August 485, in der Sukaslaura. Er bewohnte daselbst vom Anfang des Jahres 542 an die berühmte Anachoretenzelle des heiligen Chariton. Seine Ruhe ward jedoch, als Nonnos im Februar 547 gestorben und die Spaltung unter den Origenisten entstanden war, allzu viel durch Besucher seiner Höhle gestört, so daß er sich — er hatte das 99. Jahr schon vollendet — nach Susakim begab. Dort blieb er acht Jahre. Er hatte das 108. Jahr begonnen, als ihn die Väter der Sukaslaura in die Höhle des Chariton zurückführten; es war damals, setzt Kyrillos hinzu, als die Origenisten die neue Laura hatten räumen müssen[1]). Die Altersangabe weist auf das Jahr 555 hin, und der Zusammenhang macht es zweifellos, daß Kyriakos nur die Entfernung der Origenisten abgewartet hat, um in seine Zelle zurückzukehren. Wir werden daher folgern müssen, daß die palästinensische Synode sich erst einige Monate nach dem Schlusse des ökumenischen Concils versammelt hat.

Dritter Abschnitt.
Die Synodalsentenz gegen die Origenisten.

Der im Januar 543 durch das Edict Justinians gegen die Origenisten geführte Schlag hatte nicht den von den Anstiftern erhofften praktischen Erfolg. Der verschlagene Theodoros Askidas rettete durch seine Unterwerfung seinen Einfluß bei Hofe und ließ seine Gegner in Palästina mehr denn zuvor seine Macht fühlen. Niemand wird deshalb in Abrede stellen, daß die antiorigenistische Partei in Palästina hohes Interesse daran hatte, den Streit durch das im Jahre 553 zu Konstantinopel versammelte allgemeine Concil zur endgültigen Entscheidung gebracht zu sehen. Die Entwickelung der Dinge seit dem Erlasse des Edictes, wie Kyrillos von Skytho-

---

[1]) Vita Cyriaci ed. Acta SS. Sept. VIII S. 147 ff.

polis sie so anschaulich schildert, ließ erneute Klagen der Mönche beim Kaiser fast mit Sicherheit erwarten. Daß die Klagen aber nicht ungehört verhallt sind, daß auch Justinian die Befragung der versammelten Concilsväter über diesen Gegenstand für angebracht gehalten hat, darf gleichfalls als durchaus wahrscheinlich gelten.

Darum ist der Versicherung Kyrills, die fünfte allgemeine Synode habe über Origenes und Theodor von Mopsuestia, sowie über die Lehren des Evagrios und Didymos von der Präexistenz und von der Apokatastasis das Anathem gesprochen, die innere Glaubwürdigkeit nicht abzustreiten. Mag der polemische Gegensatz des Schriftstellers zu den Origenisten auch vielleicht seiner Objectivität bisweilen Abbruch thun, so ist doch ohne triftigen, ja man muß sagen, ohne zwingenden Grund nicht anzunehmen, daß er jene Behauptung drei bis vier Jahre nach dem Concil, also zu einer Zeit, wo sie noch leicht controllirt werden konnte, aus der Luft gegriffen hat. Wir besitzen also in seiner Vita Sabae, und eine ähnliche Notiz bietet auch, wie wir sahen, die Vita Euthymii, ein bestimmtes und gewichtiges Zeugniß dafür, daß die fünfte ökumenische Synode die origenistischen Irrthümer untersucht und verworfen hat.

Allein gegen die Richtigkeit dieser Angabe erheben sich so viele und schwere Bedenken, daß wir unsere Zustimmung vorläufig suspendiren müssen. Eine genaue Prüfung der Zeugnisse und Argumente, die für und wider in die Wagschale fallen können, möge das abzugebende Urtheil motiviren.

§ 7.
Die Ueberlieferung der noch vorhandenen Acten der fünften allgemeinen Synode und die Echtheit der beiden darin enthaltenen Aeußerungen über Origenes.

Die Acten des fünften allgemeinen Concils, d. h. der acht Sitzungen über die Dreicapitelangelegenheit, die zweifellos diesem Concil angehören, sind, von vereinzelten griechischen Stücken abgesehen, nur in einer lateinischen Uebersetzung auf uns gekommen. Die beste, durch Steph. Baluze besorgte Ausgabe ruht auf zwei Handschriften und auf der editio princeps, die Laur. Surius nach einem Baluze nicht mehr zugänglichen Codex hergestellt hat [1]).

---

[1]) **Stephani Baluzii Praefatio in acta concilii V.**, abgedruckt bei **Mansi IX** Sp. 163—172.

Mit dem Texte des Surius stimmte eine der beiden Handschriften, ein codex Bellovacensis, fast genau überein, während die andere, ein codex Parisiensis, namentlich in der ersten und siebenten Sitzung, erheblich davon abwich. Beide boten jedoch nur zwei verschiedene Recensionen einer und derselben Uebersetzung, und zwar jener Uebersetzung, die bereits von dem Papste Pelagius II. (579—590) in seinem dritten Briefe an die Bischöfe Istriens[1]) benutzt worden ist. In dieser uns vorliegenden Gestalt umfassen die Acten, wie gesagt, die Protokolle von acht Sitzungen, von denen die erste am 5. Mai, die letzte am 2. Juni 553 stattfand. Die Verhandlungen drehen sich ganz ausschließlich um die von Justinian verlangte Verdammung der drei Capitel, die in der achten Sitzung feierlich ausgesprochen wurde.

Doch verfolgen wir die Nachrichten über die Synodalacten weiter. Es ist sehr beachtenswerth, daß, wie schon Baluze bemerkt hat[2]), noch eine andere lateinische Uebersetzung vorhanden gewesen ist. Sie hat dem großen Lateranconcil im Jahre 649 vorgelegen; ein längeres Stück wurde verlesen und den Acten dieses Concils einverleibt[3]). Das Citat gehört dem Protokolle der dritten Sitzung unserer Acten an; ob aber diese Sitzung auch in dem damals zur Verwendung gelangten Exemplare der Acten die dritte war, wird nicht ausdrücklich bemerkt.

Fernere Kunde über die lateinischen Acten erhalten wir durch die sechste allgemeine Synode zu Konstantinopel (680). Es wurde von einem Exemplare gesprochen, das der Gattin des $\pi\alpha\tau\varrho\acute{\iota}\varkappa\iota\text{o}\varsigma$ Innocenz gehört hatte und um sechs $\nu\text{o}\mu\acute{\iota}\sigma\mu\alpha\tau\alpha$ für die Patriarchalbibliothek von Konstantinopel angekauft worden war. Der Patriarch Paulos II. (641—654) hatte den Codex mit dem authentischen griechischen Exemplare der fünften Synode verglichen, und da in der lateinischen Version, und zwar, wie ausdrücklich angegeben wird, in den Actenstücken der siebenten Sitzung, zwei angebliche Briefe ($\lambda\acute{\iota}\beta\varepsilon\lambda\lambda\text{o}\iota$) des Papstes Vigilius an den Kaiser Justinian und an die Kaiserin Theodora fehlten, so hatte er diese Briefe durch einen Lehrer der lateinischen Sprache, den Presbyter Konstantinos,

---

[1]) Mansi IX Sp. 441 ff.

[2]) Baluze a. a. O. Sp. 164. Vgl. Fr. Maaßen, Geschichte der Quellen und der Litteratur des canonischen Rechts im Abendlande I. Graz 1870. S. 147.

[3]) Secretar. 5 Mansi X Sp. 1070A—D.

ins Lateinische übersetzen, durch den Diakon Sergios mit dem Beinamen Antipisidias abschreiben und durch den Kalligraphen Theodoros, der die Officin εἰς τὸν ἅγιον Ἰωαννοφωκᾶν besaß, in den lateinischen Codex einheften lassen [1]). Das lateinische Exemplar der Patriarchalbibliothek stimmte also mit dem griechischen Authentikon darin überein, daß die siebente Sitzung des letzteren auch in dem ersteren als die siebente Sitzung gezählt wurde; nur enthielt das Authentikon auch die beiden fraglichen Briefe, die hier fehlten. Es bestand somit dasselbe Verhältniß zwischen den Texten, wie zwischen den lateinischen Recensionen der Handschrift von Paris und derjenigen von Beauvais: Nur die erstgenannte bietet uns die beiden Briefe, und zwar gleichfalls in der siebenten Sitzung.

Dem sechsten allgemeinen Concil verdanken wir noch wichtigere Aufschlüsse über den damaligen Zustand der Acten. Als nämlich in der dritten Sitzung am 13. November 680 die Acten der fünften allgemeinen Synode vorgelesen wurden, erklärten die päpstlichen Legaten zweimal gewisse Stellen für gefälscht. Zunächst fand sich sofort im Beginne der Acten ein Λόγος τοῦ ἐν ἁγίοις Μηνᾶ ἀρχιεπισκόπου Κωνσταντινουπόλεως πρὸς Βιγίλιον τὸν μακαριώτατον πάπαν Ῥώμης περὶ τοῦ ἓν εἶναι τοῦ Χριστοῦ τὸ θέλημα. Die Legaten beantragten sofort eine Untersuchung des Codex, die alsbald durch den Kaiser, die ἄρχοντες und einige Bischöfe vorgenommen wurde. Es zeigte sich, daß die drei Quaternionen, die den genannten λόγος enthielten, nachträglich den echten Acten vorgeheftet waren; sie trugen andere Schriftzüge, als diese, und keine Quaternionenzahlen; erst nach den drei Quaternionen begann die Zählung mit der Zahl eins. In Folge dessen wurde die Unechtheit des Stückes allgemein anerkannt [2]).

Die andere Fälschung wurde in dem zweiten Bande der Acten, in der siebenten Sitzung entdeckt. Das Exemplar, das zur Vorlesung benutzt wurde, enthielt die vorhin erwähnten λίβελλοι des Papstes Vigilius an Justinian und Theodora. Da Vigilius sich aber in beiden Schreiben zu der Lehre von der μία ἐνέργεια in Christus bekannte, so betheuerten die päpstlichen Gesandten, daß dieselben

---

[1]) Mansi XI Sp. 593—596. Der Presbyter Konstantinos war selbst anwesend und trat als Zeuge auf.

[2]) Mansi XI Sp. 225 A—D.

nicht echt sein könnten ¹). Ob sich ihr Einspruch gegen die Briefe überhaupt oder bloß gegen die Worte καὶ μίαν ἐνέργειαν, et unam operationem, gewendet hat, ist zweifelhaft. Im Anschluß an Baluze ²) gibt Hefele der letzteren Annahme den Vorzug, weil die fraglichen Briefe mit ihrem Anathem über die drei Capitel ganz für jene Zeit des Vigilius (vor dem Judicatum) passen ³). Es ist auch sicher, daß erst die Worte καὶ μίαν ἐνέργειαν den Legaten Anlaß zum Widerspruch gegeben haben und daß das Fehlen dieser Worte in der Glaubensentscheidung des fünften Concils ihnen als Beweis der Fälschung jener Briefe galt. Aber trotzdem scheint ihr Verdacht und ihre Ablehnung sich auf die ganzen Briefe erstreckt zu haben. Sie riefen: „Um Gottes willen, Herrscher, Vigilius hat nicht gesagt: μίαν ἐνέργειαν. Die λίβελλοι sind nicht von Vigilius. Auch dieser Band (der zweite der Synodalacten) ist gefälscht, ebenso wie die Einleitung des ersten Buches dieser heiligen fünften Synode ⁴)." Später geben die ἄρχοντες und die Synode den Sinn dieses Einspruches folgendermaßen wieder: Die römischen Legaten haben die siebente Sitzung für gefälscht erklärt, weil die darin enthaltenen, angeblich von Vigilius dem Justinian und der Theodora überreichten λίβελλοι „nicht echt sind" (οὐκ εἰσὶν ἀληθεῖς) ⁵). Ebenso haben nach einer anderen Aeußerung (in der vierzehnten Sitzung) die Legaten behauptet, ὅτι καὶ οἱ τοιοῦτοι λίβελλοι φάλσοι ὑπάρχουσι ⁶).

Um die Echtheit feststellen zu können, wurde eine sorgsame Untersuchung beschlossen, deren Resultat in der vierzehnten Sitzung am 5. April 681 zu finden ist ⁷). Man verglich mehrere Exemplare der Acten: 1) die beiden in der dritten Sitzung benutzten, aber als gefälscht verdächtigten Pergamenthandschriften, die zusammen die Acten vollständig boten, 2) eine Papierrolle, die als das Authentikon der siebenten Sitzung der fünften Synode galt, 3) einen gleichfalls der Patriarchalbibliothek zugehörigen Papiercodex, 4) eine von dem στρατήλατος τοῦ βασιλικοῦ ὀφικίου Philippos

---

[1] Mansi XI Sp. 225 E—228 B.
[2] Baluze a. a. O. Sp. 164—170.
[3] C. J. v. Hefele, Conciliengeschichte II² S. 857 f.
[4] Mansi XI Sp. 228 A.
[5] Mansi XI Sp. 528 E—529 A.
[6] Mansi XI Sp. 588 C.
[7] Mansi XI Sp. 588—596.

aus dem Abendlande mitgebrachte griechische Handschrift, die der Bischof Makrobios von Seleukia vorlegte, 5) ἕτερα χαρτῷα ἀρχαῖα βιβλία τῆς αὐτῆς ἁγίας πέμπτης συνόδου, die sich im Privatbesitze einzelner Väter befinden mochten. Nur in Nr. 1 stand die angebliche Abhandlung des Menas. Die λίβελλοι des Vigilius fanden sich in Nr. 1, 2 und 4. Es konnte aber festgestellt werden, daß aus Nr. 1 der fünfzehnte Quaternio herausgenommen und durch einen anderen, nicht paginirten (? ἀνεπίγραφον), worin eben die beiden Briefe standen, ersetzt worden war. Der Mönch Georgios sagte aus, er selbst habe im Auftrage des Patriarchen Makarios (von Antiochien, des Führers der Monotheleten) vor zwei bis drei Jahren die λίβελλοι des Vigilius in zahlreichen Exemplaren der Acten, speciell in Nr. 4, nachgetragen. Als Vorlage habe ihm eine angeblich aus dem πατριαρχεῖον stammende Copie der beiden Documente gedient. Da nun die Fälschung in Nr. 1 und 4 erwiesen zu sein schien, da der Presbyter Konstantinos, wie wir oben S. 68 f. sahen, von der gleichen Behandlung eines lateinischen Codex der Patriarchalbibliothek zu Konstantinopel Zeugniß ablegte, und da Nr. 3 und 5 die λίβελλοι nicht enthielten, so urtheilte die Synode, daß auch Nr. 2 (die Rolle) corrumpirt worden sei, und beschloß, die betreffenden Stellen in der Rolle mit einem X und ebenso die unechten Partieen in den Pergamenthandschriften mit einem Obelos und einem X bezeichnen zu lassen¹). Ueber die

---

¹) Mit einem X bezeichnete man die Unechtheit eines Verses oder sonstiger kleiner Theile einer Schrift (vgl. z. B. Eustath. zur Odysse γ 170 p. 1462, 42: τὸ X στοιχεῖον ἐντυπούμενοι ἐσημειοῦντο οὕτως τὴν τοῦ κέρματος φαυλότητα, bei V. Gardthausen, Griechische Paläographie. Leipzig 1879. S. 278); ein Obelos konnte auch größere Stücke und Abhandlungen als untergeschoben bezeichnen (vgl. Anecdotum Romanum ed. Fr. Osann. Gießen 1851. p. 3: ὁ δὲ ὀβελὸς πρὸς τὰ ἀθετούμενα ἐπὶ τοῦ ποιητοῦ, ἤγουν νενοθευμένα ἢ ὑποβεβλημένα = Sueton. Rell. ed. Reifferscheid Lipsiae 1860. S. 142. Dieser Unterschied scheint hier beobachtet worden zu sein, so daß man mit dem Obelos die Unechtheit der ganzen Abhandlung des Menas, mit dem X vielleicht nur die Unechtheit der Worte καὶ μίαν ἐνέργειαν in den Vigiliusbriefen gekennzeichnet hat. — Wie man die beiden Briefe in der Rolle als gefälscht erkannt hat, ist eine andere Frage. Ein nachträgliches Einschieben in die ursprüngliche Rolle war doch nicht möglich. Höchstens die genannten drei Worte können hinzugefügt worden sein; aber das hätte man bei der Prüfung sicher als auffällig und verdächtig empfunden. Vielleicht hat man sich den Hergang auch so vorgestellt, daß einer der monotheletischen Patriarchen, z. B. Paulos II., der ja so großes Gewicht darauf legte, daß die Briefe in den Acten standen, die ursprüngliche

Fälscher und über die drei beanstandeten Documente wurde das Anathem verhängt.

Diese Prüfung der Acten durch das sechste allgemeine Concil ist auch für unsere Frage nach der Verurtheilung der Origenisten auf der fünften allgemeinen Synode nicht ohne Bedeutung. Wir erfahren 1., daß die Acten wenigstens in dem einen oder dem anderen Exemplare zwei Bände füllten, ebenso wie es bei den Acten von Ephesos und Chalkedon der Fall war [1]). Der erste Band enthielt τὸ προοίμιον oder τὰ προοίμια der Verhandlungen, also wahrscheinlich die sogenannten Voracten. Ob außerdem schon Sitzungsprotokolle darin standen, ist ungewiß. Jedenfalls hatten die siebente und die achte Sitzung im zweiten Bande ihre Stelle. 2. In sämmtlichen Exemplaren wurde diejenige Sitzung, die wir gemäß unseren lateinischen Acten als die siebente bezeichnen, gleichfalls als die siebente gezählt, so daß die erste Sitzung über die drei Capitel die Eröffnungssitzung des Concils gewesen ist und etwaige frühere Berathungen der Bischöfe noch nicht als Verhandlungen der ökumenischen Synode betrachtet worden sind. 3. Ob die Sammlung, deren sich die sechste Synode bediente, mit der achten Sitzung schloß, wie die lateinischen Acten, ist fraglich. Als die römischen Legaten die Echtheit der Vigiliusbriefe bestritten, wiesen sie darauf hin, daß der Ausdruck μία ἐνέργεια sich auch in dem Glaubensdecrete (ὅρος) der fünften Synode finden müßte, wenn Vigilius ihn gebraucht und die Synode ihn gebilligt hätte. Deshalb ließ der Kaiser die Acten der Reihe und Ordnung nach bis zu dem Glaubensdecrete weiter vorlesen. Auch dieses las man zu Ende, fand aber über die μία ἐνέργεια nichts darin enthalten [2]). Nun bildet die Definition den Schluß unserer Acten; es folgen nur noch die Unterschriften der Bischöfe. Wenn es also in der sechsten Synode weiter heißt: Das gegenwärtige Buch soll bis zu Ende vorgelesen werden, und es wurde vorgelesen [3]), so scheint der Schluß doch wohl mehr geboten zu haben, als die bloßen Unterschriften. Daß dies in dem einen oder dem anderen

---

Rolle durch eine andere mit den ganz gefälschten oder wenigstens interpolirten Briefen ersetzt habe.

[1]) Diese Acten wurden in der ersten und zweiten Sitzung vorgelesen und füllten je zwei βιβλία, vgl. Mansi XI Sp. 216 BE. 220 D. 221 B.

[2]) Mansi XI Sp. 228 AB.

[3]) Mansi XI Sp. 228 C.

Exemplare wirklich zutraf, lehrt uns der von P. de Marca aufgefundene Brief, worin der Papst Vigilius am 8. December 553 den Synodalbeschlüssen gegen die drei Capitel zustimmte. Schon die Aufschrift zeigt, daß der Brief in einem Codex der Concilsacten gestanden hat, da er als „Brief des Vigilius an Eutychios καὶ πρὸς πᾶσαν τὴν προκειμένην ἁγίαν σύνοδον" bezeichnet wird [1]). Noch deutlicher beweist dies die Bemerkung am Ende des Schreibens: Τέλος βιβλίου ἢ τῆς ἁγίας συνόδου τῆς ἐν Κωνσταντινουπόλει συναχθείσης. Χριστὲ ὁ θεός, δόξα σοι. Ἀμήν [2]). 4. Eine Untersuchung darüber, ob auch die Gegner oder die Freunde des Origenes mit Interpolationen oder Kürzungen in den Acten für ihre Zwecke operirt haben, ist auf der sechsten Synode unterblieben; es lag keine Veranlassung dazu vor.

Mit großem Eifer hat man, um bei der Frage nach falschen Zusätzen über Origenes stehen zu bleiben, behauptet, in dem elften Anathematismus der fünften allgemeinen Synode [3]) sei der Name Origenes gefälscht. Halloix, Garnier, Cave, Dupin, Lequien, Walch, Vincenzi treten mehr oder minder entschieden dafür auf. Aber ihre Gründe sind nicht beweiskräftig. Wenn Origenes in diesem Anathematismus als der einzige Häretiker erscheint, den keine der vier ersten allgemeinen Synoden mit ihrem Banne belegt hatte, und wenn bei ihm die sonst beobachtete chronologische Ordnung nicht eingehalten worden ist, so hat das recht wenig zu bedeuten. Die fünfte Synode erklärt nicht, bloß gegen solche Häretiker das Anathem erneuern zu wollen, über die bereits ein allgemeines Concil zu Gerichte gesessen hatte. Wenn sie Origenes neben den übrigen aufführt, und zwar an letzter Stelle, so erklärt sich dies ausreichend durch seine Verurtheilung im Jahre 543. Noch begreiflicher wäre das Anathem freilich, wenn die Bischöfe der fünften Synode selbst bereits vorher den Bann über Origenes gesprochen hätten.

---

[1]) P. de Marca, Dissertatio n. XV bei Mansi IX Sp. 427C.
[2]) Mansi IX Sp. 419A.
[3]) Mansi IX Sp. 384AB: Εἴ τις μὴ ἀναθεματίζει Ἄρειον, Εὐνόμιον, Μακεδόνιον, Ἀπολινάριον, Νεστόριον, Εὐτυχέα καὶ Ὠριγένην μετὰ τῶν ἀσεβῶν αὐτῶν συγγραμμάτων καὶ τοὺς ἄλλους πάντας αἱρετικοὺς τοὺς κατακριθέντας καὶ ἀναθεματισθέντας ὑπὸ τῆς ἁγίας καθολικῆς καὶ ἀποστολικῆς ἐκκλησίας καὶ τῶν προειρημένων ἁγίων τεσσάρων συνόδων καὶ τοὺς τὰ ὅμοια τῶν προειρημένων αἱρετικῶν φρονήσαντας ἢ φρονοῦντας καὶ μέχρι τέλους τῇ οἰκείᾳ ἀσεβείᾳ ἐμμείναντας, ὁ τοιοῦτος ἀνάθεμα ἔστω.

Man hat ferner geltend gemacht, daß das Anathem gegen Origenes den Wünschen eines der einflußreichsten Mitglieder der fünften Synode, des Theodoros Askidas, widersprach und gegen den Willen dieses Mannes nicht durchgesetzt werden konnte. Allein Theodoros Askidas verstand es, wie die Ereignisse im Januar 543 lehren, sich auch gegen seine Ueberzeugung einem Machtworte des Kaisers zu fügen. Sobald der Kaiser eine Verurtheilung der origenistischen Dogmen durch die Synode verlangte, war er klug genug, sich nicht zu widersetzen. Zudem hatten die Origenisten kurz vorher, im October 552, durch die Erhebung des Makarios auf den Patriarchenstuhl von Jerusalem und die sich daran anschließenden Unruhen in der heiligen Stadt Justinian neuerdings zu einer schrofferen Haltung gegen ihre Partei provocirt, sodaß der Einfluß des Askidas gerade damals nicht stark genug war, um eine etwa an den Kaiser herantretende Anregung, den Origenismus verdammen zu lassen, wirkungslos zu machen. Askidas wird jeden Schein eines Gegensatzes gegen die kaiserliche Religionspolitik vermieden haben, um die Gunst Justinians nicht zu verscherzen.

Ebensowenig kann ein anderes Bedenken, das man gegen die Echtheit des Anathems über Origenes geäußert hat, ins Gewicht fallen. In der wahrscheinlich im Jahre 551 erschienenen Ὁμολογία πίστεως Justinians heißt es: „Wer nicht den Arios, Eunomios, Makedonios, Apolinarios, Nestorios und Eutyches und Alle, die Gleiches lehren, anathematisirt, sei selber Anathema" [1]). Weil dieser Satz sämmtliche Häretiker des elften Anathematismus von 553, mit alleiniger Ausnahme des Origenes, enthält, so hat man daraus den Schluß gezogen, der Name Origenes sei an der letzteren Stelle nachträglich eingeschoben worden. Jedoch zwischen der Ὁμολογία und der Synode lagen eben die erneuerten und von Justinian als berechtigt anerkannten Klagen gegen die Origenisten — Grund genug, daß die fünfte Synode das Anathem der Ὁμολογία auf Origenes ausdehnte.

Nehmen wir hinzu, daß sämmtliche Handschriften die angefochtene Stelle enthalten und daß die Echtheit schon durch das Lateranconcil vom Jahre 649, das die vierzehn Anathematismen der fünften Synode citirte [2]), bezeugt wird, so ist die Annahme

---

[1]) Mansi IX Sp. 561 B.
[2]) Mansi X Sp. 1046—1053.

einer Fälschung des elften Anathematismus mit aller Bestimmtheit abzuweisen. Selbst Hefele, der von besonderen Verhandlungen des fünften allgemeinen Concils gegen Origenes nichts wissen will, tritt für die Echtheit der Stelle ein[1]. Wäre Origenes auf dieser Synode gar nicht mit dem Bann belegt worden, wie hätten dann die Origenisten der neuen Laura aus der Unterzeichnung der Acten einen Streitfall machen und die kirchliche Gemeinschaft mit den Bischöfen, die die Acten unterschrieben, aufheben können? Hätte das Concil gar kein Anathem gegen Origenes geschleudert, wie wäre es dann zu erklären, daß schon drei bis vier Jahre darnach ein wahrheitsliebender Historiker die Verurtheilung als eine Thatsache betrachtet hat?

Noch an einer anderen Stelle der Synodalacten ist von der Verdammung des Origenes die Rede, und auch dieser Satz ist von übereifrigen Vertheidigern des Alexandriners für eine böswillige Fälschung erklärt worden. Vincenzi nennt den Abschnitt „apocrypham pericopem, cuiusdam Origenis hostis interpolationem, glossam furtive insertam"[2]. In der fünften Sitzung wurde nämlich die Frage erörtert, ob es zulässig sei, einen Verstorbenen zu bannen. Hierbei sprach sich auch Theodorus Askidas in längerer Rede für die Erlaubtheit aus, brachte mehrere Beispiele aus der Geschichte bei und fügte hinzu: „Et multos quidem etiam alios invenimus post mortem anathematizatos. Nec non etiam Origenem, et si ad tempora Theophili sanctae memoriae vel superius aliquis recurrerit, post mortem inveniet anathematizatum: quod etiam nunc in ipso fecit et vestra sanctitas et Vigilius religiosissimus papa antiquioris Romae"[3].

Vincenzi hält diese Worte hauptsächlich deshalb für gefälscht, weil, wie er richtig beobachtet hat, weder vor noch nach der fünften allgemeinen Synode in all den zahlreichen Untersuchungen über die Erlaubtheit des Anathems gegen einen Verstorbenen jemals das so nahe liegende Beispiel der Verdammung des todten Origenes benutzt worden sei. Daraus folge, daß seine Verurtheilung im Jahre 543 oder im Jahre 553 nicht historisch und daß die citirte Stelle erst später eingeschwärzt worden sei.

---

[1] Hefele a. a. O. S. 898 f.
[2] Al. Vincenzi a. a. O. IV S. 88.
[3] Mansi IX Sp. 272 D.

Allein diese Beweisführung läßt ganz außer Acht, daß die Frage, ob Jemand nach seinem Tode aus der Kirchengemeinschaft ausgeschlossen werden dürfe, sich selbstredend nur auf solche Personen erstrecken konnte, die in der äußeren Gemeinschaft der Kirche gestorben waren. Es stand aber damals bei den Meisten fest, daß Origenes schon zu seinen Lebzeiten dieser Gemeinschaft verlustig geworden war. Justinian selbst wiederholt in seinem Edicte die Behauptung einer ägyptischen Synode (wahrscheinlich unter Theophilos von Alexandrien), daß der alexandrinische Bischof Heraklas Origenes wegen seiner lästerlichen Predigten excommunicirt habe. Noch mehr, er bezeichnet es als eine sichere, sogar von Origenisten zugegebene Thatsache, daß Origenes im Martyrium abgefallen sei, Christum verleugnet und die heidnischen Götter angebetet habe [1]). Den letzteren Vorwurf spricht auch der Verfasser des Liber de sectis offen aus [2]). Liberatus sagt: „Origenes damnatus est mortuus, qui vivens olim fuerat ante damnatus"; dies hätten die Feinde der Kirche, insbesondere Theodoros Askidas, zum Anlaß genommen, einen Verstorbenen d. h. einen im Frieden der Kirche Verschiedenen (Theodoros von Mopsuestia) zu verdammen [3]). Die Sachlage ist durchsichtig genug. Für den, der mit Justinian annahm, Origenes habe schon vor seinem Tode die kirchliche Gemeinschaft eingebüßt, konnte die nachträgliche feierliche Verdammung kein Präjudiz für die Anathematisirung des im Frieden der Kirche entschlafenen Theodoros von Mopsuestia bilden. Eben deshalb wurde von dieser Seite niemals auf jenen Vorgang verwiesen. Nur Theodoros Askidas, der vielleicht nicht daran glaubte, daß Origenes außerhalb der Gemeinschaft der Kirche gestorben sei, brachte mit den oben citirten Worten dieses Beispiel vor. Es liegt also kein Grund vor, die Echtheit der Worte zu verdächtigen. Was aus denselben für unsere Frage zu gewinnen ist, werden wir weiter unten sehen.

---

[1]) Mansi IX Sp. 513A. 517A.
[2]) Actio X ed. Migne Patrol. gr. 86, 1, 1264BC.
[3]) Mansi IX Sp. 699AB.

§ 8.

Die Zeugnisse für die Annahme, daß die fünfte allgemeine Synode nur über die drei Capitel verhandelt hat.

Wie die uns überlieferten Acten der fünften Synode sich ausschließlich mit den drei Capiteln befassen, so hat auch nach den ältesten römischen und konstantinopolitanischen Nachrichten nur diese Angelegenheit der Synode vorgelegen.

1. Der Papst Vigilius, der während der Dauer der Synode, ohne an ihr Theil zu nehmen, in Konstantinopel weilte, trat nach langem Sträuben am 8. December 553 in einem an den Patriarchen Eutychios gerichteten Schreiben den Beschlüssen der Synode über die drei Capitel bei, und suchte in seinem sogenannten zweiten Constitutum vom 23. Februar 554 diesen Entschluß ausführlich zu rechtfertigen. Beide Decrete[1] gedenken mit keinem Worte der Verurtheilung des Origenes und seiner Anhänger.

2. Der Nachfolger des Vigilius, Pelagius I. (556—561), berührt in seinen päpstlichen Kundgebungen die Synode vom Jahre 553 nur ganz beiläufig. Ich erwähne dies deshalb, weil sein Schweigen zu Folgerungen hinsichtlich des Gegenstandes der Synodalverhandlungen, wie Vincenzi[2] sie zieht, keinen Anlaß geben kann.

3. Pelagius II. (579—590) aber behandelt in seinen Briefen an die Bischöfe Istriens, besonders in dem dritten, weitläufig die Autorität der Synode und rechtfertigt ihre Beschlüsse gegen die Vorwürfe seiner Adressaten[3]. Er sagt aber nirgends, daß auch gegen Origenes ein Beschluß gefaßt worden ist. Nur beispielshalber weist er einmal auf diesen „Häresiarchen" hin. Da man ihm nämlich entgegenhielt, Theodor von Mopsuestia habe durch Johannes von Antiochien außerordentliche Lobsprüche erfahren, erklärte der Papst, daß er an diese Thatsache nicht recht glaube; aber selbst zugegeben, daß der Einwand der Wahrheit entspreche, so beweise das Lob eines einzelnen Vaters wenig, zumal wenn es zu einer Zeit, da Theodors Irrthümer noch nicht constatirt worden waren, erfolgt sei. „An non et malos a bonis aliquando laudatos novimus, nec tamen eisdem laudibus defensos? Quid namque in

---

[1] Mansi IX Sp. 413—420; 457—488.
[2] Vincenzi IV S. 48—54. 93—95.
[3] Mansi IX Sp. 891—899. 433—454.

haeresiarchis Origene deterius, et quid in historiographis inveniri Eusebio honorabilius potest? Et quis nostrum nesciat, in libris suis quantum Origenem Eusebius praeconiis attollat? Sed quia sancta ecclesia suorum fidelium corda benignius, quam verba districtius pensat: et plus in haereticis sensum proprium, quam ** testatio Eusebii absolvere potuit: nec rursum Eusebium laudati Origenis culpa damnavit. An non et Gregorius Nyssae urbis episcopus cum canticum canticorum exponit, magis (magnis?) Origenem laudibus praefert? An non et Hieronymus nostrae ecclesiae presbyter et singularis Hebraei sermonis interpres, tanto erga Origenem favore intenditur, ut pene discipulus eius esse videatur? Sed quia plus causa quam verba pensanda sunt, nec istis sua benignitas nocuit, nec illum a reatu proprio favor alienae attestationis excusavit" [1]). Wie wirksam wäre in diesem Zusammenhange ein Hinweis darauf gewesen, daß eben dieselbe Synode, deren Urtheil über Theodor von Mopsuestia von den Bischöfen Istriens angegriffen wurde, sich durch die Lobsprüche einiger Väter nicht habe abhalten lassen, Origenes als Häretiker zu verdammen! Daß Pelagius sich dieses günstigen Argumentes nicht bedient, spricht dafür, daß nach seiner Ansicht nur die drei Capitel auf dieser Synode mit dem Anathem belegt worden waren.

4. Gregor d. Gr. (590—604) gibt in seinem Briefe an die Patriarchen des Orients zum Schluß eine knappe Uebersicht über die Beschlüsse der fünf allgemeinen Synoden; der fünften schreibt er nur die Verwerfung der drei Capitel zu [2]). Sein Sendschreiben an die Bischöfe Hiberniens enthält folgenden Satz, der die Verurtheilung des Origenes auf der fünften allgemeinen Synode geradezu auszuschließen scheint: „Nam in synodo, in qua de tribus capitulis actum est, aperto liquet, nihil de fide convulsum esse vel aliquatenus immutatum; sed, sicut scitis, de quibusdam illic solummodo personis est actitatum, quarum una, cuius scripta evidenter a rectitudine catholicae fidei deviabant, non iniuste damnata est" [3]). Der Papst hat zweifelsohne das Anathem über die

---

[1]) Mansi IX Sp. 452 E sq.

[2]) Epist. lib. I, 24 bei Mansi IX Sp. 1048 E: Quintum quoque concilium pariter veneror, in quo epistola, quae Jbae dicitur, erroris plena reprobatur, in quo Theodorus personam mediatoris Dei et hominum in duabus subsistentiis separans ad impietatis perfidiam cecidisse convincitur, et in quo scripta quoque Theodoreti, per quae beati Cyrilli fides reprehenditur, ausu dementiae prolata refutantur.

[3]) Epist. lib. II, 34 bei Mansi IX Sp. 1105 B.

Person des Mopsuesteners im Auge, und es bleibt wohl keine andere Erklärung seiner beiden Aussprüche übrig, als daß auch er dem fünften Concil keine Verhandlungen über Origenes zugeschrieben hat.

Die Annahme, daß die genannten Päpste jedesmal den Dreicapitelstreit als den wichtigsten und gewisse Provinzen des Abendlandes noch lange in Erregung haltenden Gegenstand der Concilsverhandlungen allein genannt haben, ist bei der Zahl dieser Zeugnisse und dem Mangel jedes Hinweises auf die Verurtheilung des Origenes in ihren Schriften ein unzureichendes Auskunftsmittel. Auch der Erklärungsversuch des P. de Marca, daß vor den Verhandlungen über Origenes die auf die drei Capitel bezüglichen Sitzungsprotokolle für den Papst Vigilius ins Lateinische übersetzt und von den späteren Päpsten irrthümlich als die vollständigen Synodalacten betrachtet worden seien¹), reicht nicht aus. Ebenso wie Pelagius I., so hatte sich auch Gregor I. mehrere Jahre (579—585) als Apokrisiar des römischen Stuhles in Konstantinopel aufgehalten und Gelegenheit gehabt, dort seine etwaige irrige Meinung zu berichtigen. Aber wie sein Schreiben an die Patriarchen des Ostens lehrt, war er noch als Papst davon überzeugt, daß die origenistische Frage das fünfte Concil nicht beschäftigt hatte und daß seine Adressaten nicht anders darüber dachten.

5. Wirklich stimmten maßgebende kirchliche Kreise von Byzanz hierin ganz mit Gregor überein. Bald nach dem am 6. April 582 erfolgten Tode des Patriarchen Eutychios von Konstantinopel verfaßte sein langjähriger Vertrauter, der Presbyter Eustratios, der auch die vom 12. April 565 bis zum October 577 dauernde Verbannung des Patriarchen getheilt hatte, eine Lebensbeschreibung des Verewigten in der Form einer Leichenrede²). Zwar bestimmt diese Form auch sehr den Inhalt, insofern der Verfasser auf die erbaulichen Züge im Leben des Verblichenen, der in der griechischen Kirche als Heiliger verehrt wird, das Hauptgewicht legt. Aber er kommt doch an drei Stellen auf die fünfte allgemeine Synode, die einen Glanzpunkt in Eutychios' Leben bildete, zu sprechen. Jedesmal gilt ihm jedoch nur die Untersuchung und Verurtheilung der drei Capitel als die Aufgabe der Kirchenversammlung³). Leider

---

¹) P. de Marca bei Mansi IX Sp. 431 f.; vgl. oben S. 3.
²) Migne Patrol. gr. 86, 2, 2273—2390.
³) A. a. O. Sp. 2296 D seq.: Ἴστε πάντες, οἱ σπουδαῖοι καὶ φιλομαθεῖς, τὴν συγκροτηθεῖσαν ἐν ταύτῃ τῇ βασιλευούσῃ πόλει πέμπτην ἁγίαν σύνοδον ἐπὶ τοῦ τῆς

geht er nicht näher darauf ein, da er voraussetzt, daß alle seine Zuhörer die Berathungen und Beschlüsse kennen oder sich doch leicht aus den Acten darüber unterrichten könnten¹). Aber das ist sicher: Verhandlungen über Origenes und seine Anhänger sind seines Wissens auf der fünften Synode nicht gepflogen worden. Er hätte gar keinen Grund gehabt, über dieselben schweigend hinwegzugehen. Origenesfreundlich war er nicht gestimmt; das beweist sein Unmuth über die Origenisten, da er die Veranlassung zur Absetzung seines Patriarchen erwähnt. Justinian hatte ein Edict, das den Aphthartodoketismus begünstigte, erlassen, und Eutychios mußte, da er demselben nicht zustimmen konnte, Byzanz verlassen. Die eigentlichen Urheber aber waren „die Vertheidiger der abscheulichen Lehren des Schwätzers Origenes, des Evagrios und des Didymos", Hofbeamte und Bischöfe angesehener Sitze. Es gelang ihnen, des Kaisers Ohr zu gewinnen und — steter Tropfen höhlt den Stein *(πείσαντες ἐκοίλαναν τὴν πέτραν κατὰ τὴν ἐνδελεχοῦσαν ῥανίδα)* — allmählich ihn zu überreden²). Also nicht aus Schonung gegen Origenes hat Eustratios über seine Verurtheilung geschwiegen. Wollte der Panegyriker aber seinen Patriarchen als das unschuldige Opfer der Intriguen der Origenisten hinstellen, so hatte sein Schweigen allerdings dann einen Zweck, wenn Eutychios die Origenisten durch selbstständiges und eigenmächtiges Vorgehen gegen Origenes gereizt hatte; er brauchte es aber keineswegs zu verhehlen, wenn derselbe das Anathem auf der ökume-

---

ϑείας λήξεως Ἰουστινιανοῦ, οὗ τὸν ζῆλον τῆς εἰς Χριστὸν πίστεως οὐκ ἀγνοεῖτε οἱ ἐπιστάμενοι τὴν σπουδὴν, καὶ μεθ' ὅσης προθυμίας καὶ ἐπιτάσεως τὴν συνέλευσιν τῶν τηνικαῦτα ἁγιωτάτων ἐπισκόπων ἐποιεῖτο ἐπὶ ἐξετάσει καὶ κατακρίσει τῶν τριῶν κεφαλαίων, τουτέστιν . . . τῶν καὶ ἐξετασθέντων ἀκριβῶς καὶ δικαίως καὶ ἀποδοκιμασθέντων ὑπ' αὐτῆς τῆς ἁγίας οἰκουμενικῆς συνόδου καὶ εὐλόγως κατακριθέντων κτλ. Sp. 2305C: Τῷ ὄντι γὰρ ἀπὸ παντὸς ἔθνους συνήχθησαν οἱ εὐλαβέστατοι ἐπίσκοποι ἐν τῇ νέᾳ Ἱερουσαλὴμ Κωνσταντινουπόλει ἕνεκεν ἧς προεῖπον αἰτίας τῶν τριῶν κεφαλαίων. Sp. 2309B: Τῆς ἑνώσεως τοίνυν ἐκ τῆς συμφωνίας τούτων [sc. τῶν πατριαρχῶν] γεγενημένης ἅρματα Φαραὼ καὶ τὴν δύναμιν αὐτοῦ ἔρριψεν εἰς θάλασσαν, καταποντίσας τοῖς ἐπιλέκτοις τριστάτας τῶν αἱρέσεων, τὴν τῶν τριῶν κεφαλαίων δυσσέβειαν, ὁ κραταιὸς καὶ δυνατὸς ἐν πολέμῳ κύριος ὁ θεὸς ἡμῶν.

¹) Sp. 2305D seq.: Τὰ γὰρ κινηθέντα καὶ πραχθέντα καὶ περατωθέντα ἐν τῇ μεγάλῃ πέμπτῃ συνόδῳ πάντες ἴστε οἱ ἀκριβεῖς ἐπιστήμονες, καὶ οὐ χρὴ νῦν λέγειν τι περὶ αὐτῶν, ἢ καὶ οἱ ἀγνοοῦντες τοῖς τηνικαῦτα πραχθεῖσιν μαθήσεσθε τὴν ἀκρίβειαν.

²) Sp. 2316AB.

nischen Synode im Verein mit den versammelten Vätern gesprochen hatte. Also auch die konstantinopolitanische Auffassung ging zu der Zeit, da Gregor als Apokrisiar dort weilte, dahin, daß die fünfte Synode sich nicht mit Verhandlungen über die Origenisten befaßt hat.

6. Zu den konstantinopolitanischen Zeugnissen darf wohl auch das des lateinischen Chronisten Victor von Tunnuna gerechnet werden, da er seine Chronik um 567 in Konstantinopel verfaßt oder wenigstens dort vollendet hat. Victor berichtet, daß das fünfte Concil im Jahre 553 gegen die drei Capitel gehalten worden ist, und gedenkt der Verurtheilung des Origenes mit keinem Worte [1]). An anderer Stelle (zum Jahre 565 oder 566) nennt er den Patriarchen Eutychios von Konstantinopel „damnatorem trium capitulorum et Evagrii heremitae diaconi ac Didymi monachi et confessoris Alexandrini, quorum laudes supra illustrium virorum ex auctoritate protulimus" [2]). Daß er Origenes auch in diesem Zusammenhange nicht erwähnt, obwohl die Verdammung des Evagrios und Didymos von der des Origenes begleitet gewesen sein wird, hat wohl seinen Grund darin, daß er das Anathem gegen Evagrios und Didymos, nicht jedoch das gegen Origenes, für ebenso ungerecht hielt, wie die Verurtheilung der drei Capitel. Origenes als ein zu seinen Lebzeiten Excommunicirter durfte nach Victors Meinung auch nach seinem Tode vom Banne getroffen werden. Da der Chronist darauf ausgeht, die Thätigkeit des Concils bezw. die des Eutychios herabzusetzen, so schweigt er über Origenes' Anathematisirung.

7. Nach einer Aeußerung des Presbyters und Skeuophylax Timotheos von Konstantinopel, der vor dem Ausbruch des monotheletischen Streites geschrieben hat, bestand die Aufgabe der fünften ökumenischen Synode darin, die voraufgegangenen vier Synoden und ihre Dogmen zu bestätigen und zu bekräftigen [3]). Die origenistische Angelegenheit war aber auf keinem der früheren allgemeinen Concilien zur Sprache gekommen. Sie hat folglich nach der Auffassung des Timotheos die fünfte Synode nicht beschäftigt.

---

[1]) Victoris Chronica ed. Mommsen S. 203.
[2]) Victoris Chronica ed. Mommsen S. 205.
[3]) Timothei presb. Cp. De receptione haereticorum ed. Migne Patrol. gr. 86, 1, 68 C: κυρώσασαν καὶ βεβαιώσασαν τὰς πρὸ αὐτῆς ἁγίας καὶ οἰκουμενικὰς δ' συνόδους καὶ τὰ τούτων δόγματα.

8. Mit diesen durch ihr Alter besonders werthvollen Aussagen stehen einige jüngere Nachrichten im Einklang. Der Erzbischof Mansuetus von Mailand schreibt im Jahre 679 an den Kaiser Konstantinos: „Iterato in regia urbe Constantinopoli concilium congregatum est CLX venerandorum patrum..; praedictam Chalcedonensem synodum ab omni suspicione pravi erroris absolvens tria capitula, pro quibus accusabatur, aperta damnatione fecit ulcisci" [1]).

9. Das englische Generalconcil zu Hedtfeld im Jahre 680 sagt in seinem Glaubensbekenntnisse: „Et iterum in Constantinopoli quinto congregati sunt concilio in tempore Justiniani minoris contra Theodorum et Theodoretum et Ibae epistolas et eorum dogmata contra Cyrillum" [2]).

10. In einem kleinen vor 787 verfaßten und wohl mit Unrecht [3]) dem Patriarchen Nikephoros von Konstantinopel (806 bis 815) zugeschriebenen Schriftchen über die sechs allgemeinen Synoden wird gleichfalls die Verurtheilung des Origenes und seiner Anhänger mit Stillschweigen übergangen [4]).

11. Aus dem Abendlande ist vielleicht noch die auch bei Freculf († um 850) wörtlich wiederkehrende Aeußerung Beda's († 735) zu erwähnen: „Quinta item in Constantinopoli temporibus Vigilii papae sub Iustiniano principe contra Theodorum et omnes haereticos" [5]).

§ 9.
Die Nachrichten über eine eingehende Behandlung der origenistischen Angelegenheit auf der fünften allgemeinen Synode.

A. Actenstücke und Aeusserungen der Synode selbst.

Den im vorigen Abschnitte vorgeführten Zeugnissen, die, wie es scheint, keinen Zweifel daran übrig lassen, daß der Dreicapitelstreit der einzige Berathungsgegenstand der fünften Synode ge-

---

[1]) Mansi XI Sp. 205 C.
[2]) Mansi XI Sp. 177 A.
[3]) Wenigstens hat Nikephoros in seiner sicher echten Inthronistika (vgl. unten S. 116) erklärt, er schließe sich der Verurtheilung des Origenes, Evagrios und Didymos durch die fünfte ökumenische Synode an.
[4]) Ed. J. B. Pitra, Iuris ecclesiastici graeci historia et monumenta II. Romae 1868. S. 317–320.
[5]) Bedae De sex aetatibus mundi ed. Migne Patrol. lat. 90, 568 C; Freculphi Chronicon Tom. II lib. V cap. 27 ed. Migne 106, 1258 A.

wesen ist, stehen noch zahlreichere Zeugnisse entgegen, laut denen sich die Thätigkeit des Concils auch auf die origenistische Sache erstreckt hat.

Den ersten Rang unter denselben nehmen, falls sie echt sind, zwei Documente ein, die zu den Acten der fünften ökumenischen Synode gehören sollen, ein Schreiben des Kaisers Justinian an die Synode und die fünfzehn Anathematismen gegen origenistische Irrthümer.

1. Den „Brief des Kaisers Justinian an die heilige Synode über Origenes" — der Wortlaut folgt unten S. 90 ff. — hat uns der Chronist Georgios Monachos (zwischen 842 und 867) aufbewahrt, der zugleich versichert, daß wir unter dieser Synode die fünfte allgemeine zu verstehen haben [1]). Letztere Angabe hat natürlich bei allen denjenigen, die nicht geneigt sind, besondere Verhandlungen des fünften Concils gegen Origenes anzunehmen, keinen Glauben gefunden. Sie halten die σύνοδος ἐνδημοῦσα vom Jahre 543 für die Empfängerin des Briefes. Allein die Behauptung des Chronisten wird nicht nur dadurch geschützt, daß er, wie sein Bericht über die fünfte Synode (siehe unten S. 117 f.) beweist, eine gute Kenntniß der Acten besaß, sondern sie findet auch in dem Inhalte des Briefes eine, wie mir scheint, sichere Gewähr ihrer Richtigkeit.

A. Knecht hat vor Kurzem mit Recht darauf hingewiesen, daß der „Unterschied zwischen diesem Schreiben und dem Edikt gegen Origenes" „für die Beantwortung der Frage nach der Abfassungszeit und nach dem Adressaten von nicht geringer Bedeutung ist" [2]), — jedoch ohne seinen Gedanken weiter zu verfolgen. Fast seinem ganzen Inhalte nach ist das Schreiben an die Synode von dem kaiserlichen Edicte des Jahres 543 verschieden. Während die Origenisten in dem Edicte lediglich als Anhänger der gottlosen Lehren des Origenes bezeichnet werden, erscheinen sie in dem Briefe auch als Schüler des Pythagoras, Plato und Plotin. Das Edict will die Irrthümer des Origenes selbst treffen und das Anathem gegen ihn begründen und sucht deshalb seine

---

[1]) Georgii Monachi Chronicon lib. IV, 218 ed. Migne Patrol. gr. 110, 780 ff. Ihn hat Georgios Kedrenos im 12. Jahrhundert ausgeschrieben: Georgii Cedreni Historiarum compendium ed. Migne 121, 720 ff.

[2]) A. Knecht, Die Religions-Politik Kaiser Justinians I. (Diss.) Würzburg 1896. S. 16.

ketzerischen Ansichten mit zahlreichen Belegstellen aus seinen Schriften klar zu fixiren und dann zu widerlegen; der Brief hingegen wendet sich nur ganz beiläufig gegen Origenes selbst, er trägt vielmehr die Anschauungen „gewisser Mönche in Jerusalem" vor, die auf die genannten heidnischen Philosophen und auf Origenes zurückzuführen seien [1]). Deshalb fehlt in dem Briefe auch der Vorwurf des Arianisirens, der in dem Edicte erhoben wird. Den Origenisten des 6. Jahrhunderts lagen ja subordinatianische Ideen völlig fern. Doch fassen wir den Inhalt des Briefes näher ins Auge, um den wesentlichsten Unterschied von dem Edicte zu erkennen.

Die origenistischen Mönche in Jerusalem behaupten, geistige Wesen *(νόες)* ohne Zahl und Namen haben ursprünglich durch die Identität der Substanz, Kraft und Wirksamkeit[2]), durch die Vereinigung mit dem Gott Logos und durch seine Erkenntniß eine Einheit *(ἑνάς)* gebildet. Als sie der göttlichen Liebe und Anschauung überdrüssig wurden und sich zum Schlimmeren wandten, wurden sie nach dem Grade des Falles mit feineren oder gröberen Leibern umkleidet, wodurch die Unterschiede zwischen Engeln, Sonne, Mond, Gestirnen, Menschen und Dämonen entstanden. Nur ein einziger νοῦς aus der ganzen ἑνάς der Vernunftwesen verharrte unerschüttert und unentwegt in der Liebe und Anschauung Gottes; er ist Christus, König, Gott und Mensch geworden. — Eine völlige Vernichtung der Leiber wird eintreten. Der Herr legt selbst zuerst seinen Leib ab, gleich ihm alle übrigen. Alle kehren wieder in dieselbe ἑνάς zurück und werden νόες, wie sie es in der Präexistenz waren. Selbst der Teufel und die übrigen Dämonen treten in dieselbe ἑνάς zurück, die schlechten und gottlosen Menschen nicht minder wie die göttlichen und gotterfüllten Männer und die himmlischen Mächte. Sie werden dieselbe Vereinigung mit Gott erlangen, die Christus hat, ebenso wie in der Präexistenz, so daß ganz und gar kein Unterschied zwischen Christus und den

---

[1]) Ungenau bemerkt Knecht a. a. O.: „Der Inhalt ist eine Widerlegung der Irrthümer, welche Plato, Pythagoras und Plotin in der Lehre von der menschlichen Seele vorgetragen haben". Das Subject zu dem λέγουσι, das die Darstellung der Irrthümer einleitet, ist offenbar das vorhergehende τινὲς ἐν Ἱεροσολύμοις μοναχοί.

[2]) Der Text des Briefes ist an dieser Stelle wohl nach dem des zweiten Anathematismus zu ändern; siehe unten S. 90.

übrigen Vernunftwesen bestehen wird, weder in der Substanz, noch in der Erkenntniß, noch in der Macht, noch in der Wirksamkeit. — Alsdann sucht der Kaiser mit Worten, die den Schriften Theodorets entnommen sind, zu zeigen, daß diese Lehren im Grunde den Pythagoras, Plato und Plotin zum Urheber haben, und sagt zum Schluß: „Wegen dieser schlimmen und verderblichen Lehren oder vielmehr Schwätzereien fordern wir euch, Heiligste, die ihr miteinander versammelt seid *(εἰς ἓν συνηγμένους)*, auf, euch sorgfältig mit der unten folgenden Darlegung *(ἐκθέσει)* zu befassen und jedes der Capitel *(κεφαλαίων)* zu verurtheilen und zu anathematisiren sammt dem gottlosen Origenes und Allen, die ebenso denken oder denken werden bis ans Ende."

In der Darstellung, die dieser Brief von der Lehre der Origenisten gibt, zeigt sich am klarsten der bedeutende Unterschied von dem Edicte gegen Origenes. Denn von dem, was in dem Schreiben an die Synode fast ausschließlich zur Sprache gebracht wird, von der ursprünglichen unterschiedslosen Einheit aller vernünftigen Geschöpfe mit Einschluß der Seele Christi und von ihrer Vereinigung mit dem Logos, sowie von der endlichen Rückkehr aller gefallenen Geister in dieselbe Einheit, in der jeder Unterschied in der Wesenheit und in den Eigenschaften aller geschaffenen Geister verschwindet und alle ebenso mit Gott vereinigt sind, wie Christus, spricht das Edict an keiner Stelle, weder in dem didaktischen Theile noch in den angehängten Excerpten aus Origenes' *Περὶ ἀρχῶν* noch in den zehn Anathematismen. Wie sonderbar wäre es aber, wenn der Kaiser im Januar 543 wenige Tage nach dem Erlaß seines Edictes der *σύνοδος ἐνδημοῦσα*, die auf sein Geheiß dem Inhalte des Edictes zustimmen sollte, plötzlich ganz neue Lehren zur Verurtheilung vorgelegt hätte! Er könnte dem Vorwurfe der Eilfertigkeit bei der Abfassung des Edictes nicht entgehen.

Nur die Annahme einer längeren Zwischenzeit zwischen der Veröffentlichung des Edictes und der Abfassung des Briefes an die Synode macht die große Verschiedenheit der beiden Schriftstücke erklärlich. Damit verliert aber sofort die Hypothese, der Brief sei an die Synode vom Jahre 543 gerichtet, ihren Boden.

Es kommt hinzu, daß die dem Briefe eigenthümlichen Ausführungen über die origenistische Lehre, wie man auf den ersten Blick erkennt, das Parteidogma der Isochristen zeichnen, also eine Lehre, die erst seit dem Jahre 547 durch den Gegensatz zwischen den Isochristen und den Protoktisten oder Tetraditen schärfer hervortrat und größere Bedeutung gewann (vgl. oben S. 59 ff.). Betrachten wir den Brief als ein Schreiben an die Bischöfe der fünften allgemeinen Synode, so erklärt sich diese besondere, ja fast ausschließliche Berücksichtigung des Isochristismus leicht. Es war ja ganz natürlich, daß die seit dem Sommer 552 unirten Orthodoxen und Protoktisten in ihrer gemeinsamen Vorstellung an den Kaiser den isochristischen Irrthum in den Vordergrund rückten, um die Unterdrückung ihrer gemeinsamen Gegner zu erreichen und den Monarchen von der Nothwendigkeit einer erneuerten Verurtheilung der Origenisten zu überzeugen. Eine bloße Wiederholung des Anathems von 543 hätte Justinian vielleicht mit dem Hinweise darauf abgelehnt, daß die Annahme des Edictes und die Verurtheilung des Origenes nirgends auf erhebliche Schwierigkeiten gestoßen sei und deshalb als völlig allgemein gelten könne. Aber die bislang noch nicht ausdrücklich verdammten Lehren der Isochristen boten einen triftigen Grund zur nochmaligen Anathematisirung des Origenes und seiner Anhänger.

Es scheint mir darum ausgeschlossen zu sein, daß der „Brief an die heilige Synode" bereits dem Jahre 543 angehört. Erst die Zeit der fünften ökumenischen Synode macht uns seine Eigenthümlichkeiten erklärlich.

Aber stammt er wirklich von dem Kaiser Justinian? A. Knecht bemerkt: „Eine andere Möglichkeit, die wir für sehr wahrscheinlich erachten und worauf uns der von der Schreibweise in den anderen Schriften verschiedene Stil hinweist, ist die, daß das Schreiben gar nicht von Justinian herrührt. Es könnte z. B. sehr leicht ein Ergänzungs- und Begleitschreiben sein, das der Erzbischof Menas verfaßte und mit dem an ihn gerichteten Briefe des Kaisers den in der Hauptstadt weilenden Bischöfen zusandte. In diesem Falle ist die Abfassungszeit der Schrift in das Jahr 553 oder um ein wenig früher zu verlegen" (S. 16 f.). Ich nehme an, daß 553 irrthümlich statt 543 gedruckt worden ist; denn sonst könnte das Schreiben nicht dem Menas zugeschrieben werden, der am 24. August 552 gestorben ist; auch bliebe unverständlich, was unter „dem an ihn gerichteten Briefe des Kaisers" zu denken ist. Dieser Brief des Kaisers soll offenbar das Edict gegen Origenes sein. Da aber Knecht dasselbe in das Jahr 543 verlegt (S. 15), so ist die Vermuthung, daß Menas das „Begleitschreiben" vielleicht schon 542 verfaßt habe, gleichfalls nicht zu erklären. Doch davon abgesehen, die mit der angeblichen Eigenart des Stils begründete Annahme, daß der Brief an die Synode nicht von Justinian herrühre, ist unbegründet. Die Eigenthümlichkeiten erklären sich vollkommen aus dem engen Anschluß des Verfassers an seine Vorlagen (siehe S. 95 f.). Im übrigen genügt es, den einleitenden Satz mit entsprechenden Stellen aus anderen Schriften des Kaisers zu vergleichen. — Ich setze an die erste Stelle den in Rede stehenden Brief, an die zweite den Eingang des Edictes gegen Origenes, an die dritte den Anfang des an die fünfte Synode gerichteten Briefes über die drei Capitel:

Σπουδὴ γέγονεν ἡμῖν καὶ ἔστιν, ἀτάραχον τὴν ἁγίαν τοῦ θεοῦ καὶ ἀποστολικὴν ἐκκλησίαν διαφυλάττεσθαι, ὡς δίκαιον, καὶ τὰ ὁπωσοῦν ἀναφυόμενα τῇ ὀρθοδόξῳ πίστει ἐναντία κατακρίνεσθαι.	Ἡμῖν μὲν ἀεὶ σπουδή γέγονέ τε καὶ ἔστι τὸ τὴν ὀρθὴν καὶ ἀμώμητον πίστιν τῶν χριστιανῶν καὶ τὴν κατάστασιν τῆς ἁγιωτάτης τοῦ θεοῦ καθολικῆς καὶ ἀποστολικῆς ἐκκλησίας διὰ πάντων ἀτάραχον φυλάττεσθαι.	Σπουδὴ μὲν γέγονεν ἀεὶ τοῖς ὀρθοδόξοις καὶ εὐσεβῶς προβεβασιλευκόσι τοῖς ἡμετέροις πατράσι, τὰς κατὰ καιρὸν ἀναφυομένας αἱρέσεις διὰ συνόδων ὁσιωτάτων ἐκκόπτειν καὶ τῆς ὀρθῆς πίστεως καθαρῶς κηρυττομένης ἐν εἰρήνῃ τὴν ἁγίαν τοῦ θεοῦ ἐκκλησίαν διαφυλάττειν.

Bei dieser offenkundigen Uebereinstimmung nach Inhalt und Form ist es unmöglich, den Brief einem anderen als Justinian zuzuschreiben, wenn man ihn nicht etwa als eine spätere Fälschung ausgeben will. Niemals wird sich ein byzantinischer Bischof vermessen haben, in einem officiellen Schreiben so die Worte des Kaisers zu copiren. Die Annahme einer nachträglichen Fälschung aber läßt sich schwerlich begründen.

Somit darf die Aufschrift des Briefes, die ihn dem Kaiser Justinian vindicirt, als vollkommen zuverlässig gelten.

Es bleibt nach allem Gesagten das bestimmte Ergebniß, daß Justinian durch diesen Brief die zur Zeit der fünften ökumenischen Synode versammelten Bischöfe aufgefordert hat, über die unter den origenistischen Mönchen in Jerusalem grassirenden Irrthümer zu Gericht zu sitzen. Es ist eben jener Brief, den der Kirchenhistoriker Evagrios, wie wir noch hören werden (S. 100), in den

Acten des fünften Concils gesehen hat. Darum wird auch die am Schluß des Briefes erwähnte Beilage, die ἔκθεσις, nichts anderes sein, als der dem Kaiser von den Mönchen Eulogios, Konon, Kyriakos und Pankratios überreichte, uns leider verloren gegangene Libellus gegen die Origenisten; denn, wie Evagrios bemerkt, fügte Justinian seinem Briefe an die versammelte Synode eine Abschrift dieses Libellus bei.

2. Was aber die κεφάλαια betrifft, deren Verurtheilung und Anathematisirung Justinian gleichfalls am Schlusse des Briefes wünscht, so hat ein wohlwollenderes Geschick uns dieselben in den fünfzehn Anathematismen aufbewahrt, die P. Lambeck unter dem Titel: Τῶν ἁγίων ρξε΄ πατέρων τῆς ἐν Κωνσταντινουπόλει ἁγίας πέμπτης συνόδου κανόνες δεκαπέντε in einer Wiener Handschrift (cod. Vindob. Caesareus hist. 7, olim 45) entdeckt und zum ersten Male herausgegeben hat [1]). Unter κεφάλαια haben wir hier nach Justinians Sprachgebrauch jene Sätze zu verstehen, in denen die Leugnung orthodoxer oder die Behauptung häretischer in Kürze zusammengefaßter Lehren mit dem Anathem belegt wird. So läßt er in dem Edicte gegen Origenes die Forderung ergehen, τὰ ὑποτεταγμένα πάντα κεφάλαια πᾶσι τρόποις ἀναθεματίσαι —; daß er aber hiermit die am Ende beigefügten zehn Anathematismen meint, lehrt die Bemerkung, die er ihnen vorausschickt: προσήκει τὸν ἐπ᾿ αὐτῷ ἀναθεματισμὸν οὕτως γενέσθαι [2]). In seiner Ὁμολογία πίστεως gegen die drei Capitel sagt er: συνείδομεν καὶ κεφάλαια ὑποτάξαι τήν τε τῆς πίστεως ὀρθὴν ὁμολογίαν ἐν συντόμῳ τήν τε τῶν αἱρετικῶν κατάκρισιν περιέχοντα, worauf er dreizehn Anathematismen folgen läßt [3]). Wiederum leitet er in seinem Tractate gegen die Monophysiten die darin aufgestellten elf Anathematismen mit den Worten ein: ταύτην [sc. τὴν ὁμολογίαν] ἐν κεφαλαίοις συντόμως ἐκθέμενοι ὑμῖν .. δήλην καθιστῶμεν [4]).

Daß der Kaiser aber gerade jene fünfzehn Anathematismen seinem Briefe beigefügt und den versammelten Bischöfen zur An-

---

[1]) P. Lambecii Commentar. de augustissima bibl. Caesarea Vindobon. liber VIII. Vindobonae 1679 Sp. 435—438. (ed. Fr. Kollar 1782 Sp. 917 ff.)

[2]) Mansi IX Sp. 524A. 533A.

[3]) Mansi IX Sp. 557E.

[4]) Migne Patrol. gr. 86, 1, 1141D. Ueber diesen Sprachgebrauch vgl. auch Hefele, Conciliengeschichte II² S. 800—802; A. Dobroklonskij, Die Schrift des Facundus, Bischofs von Hermiane Pro defensione trium capitulorum. Moskau 1880 [russisch] S. 4 f. Anm.

nahme zugeschickt hat, lehrt mit aller Bestimmtheit der Inhalt. Es war gebräuchlich und lag auch in der Natur der Sache, daß die in einem Lehrschreiben aufgestellten Anathematismen die Hauptsätze seiner didaktischen Ausführungen billigend bezw. verdammend wiedergaben und sich vielfach wörtlich mit ihnen deckten. Diese Regel befolgte Justinian in den soeben bezeichneten Schriften, besonders deutlich in der Ὁμολογία πίστεως und in dem Edicte gegen Origenes. Wenn demnach die fünfzehn Anathematismen den Inhalt des Briefes an die Synode wiedergeben, so erhellt daraus, daß sie mit den am Schlusse des Briefes erwähnten κεφάλαια identisch sind. Man versicherte bisher gewöhnlich, die Synode vom Jahre 543 habe die fünfzehn Anathematismen aufgestellt und zehn von ihnen aus dem Edicte Justinians geschöpft [1]), oder sie seien „eine vollkommenere, durch die σύνοδος ἐνδημοῦσα (des Jahres 543) vorgenommene Redaction der zehn Anathematismen des Kaisers" [2]). Am besten wird der wahre Sachverhalt aus einer Nebeneinanderstellung des vollständigen Textes der fünfzehn Anathematismen [3]) und des Briefes an die Synode [4]), sowie aus der Angabe der spärlichen Parallelen aus dem Edicte Justinians ersichtlich werden.

---

[1]) So Knecht a. a. O. S. 124.

[2]) Hefele a. a. O. S. 793.

[3]) Herr Dr. G. Pfeilschifter hat mir den Freundschaftsdienst erwiesen, den bei Lambeck a. a. O. gedruckten Text aufs Genaueste mit dem codex Vindobonensis Caesareus hist. 7 (Lambeck 45), der einzigen bis jetzt bekannt gewordenen Handschrift der Anathematismen, zu collationiren, so daß es mir möglich ist, den genauen Wortlaut zu liefern. Die Handschrift, deren Inhalt P. Lambeck a. a. O. Sp. 428 ff. angibt, ist gemäß Pfeilschifters Beschreibung ein Pergamentcodex, bestehend aus 231 Blättern (360 × 270 mm), geschrieben in zwei Columnen zu 275 × 86 mm. Jede Columne hat 34 Zeilen, unter denen die Schrift hängt. Der Text der Anathematismen beginnt auf fol. 84 Vᵃ Zeile 12 und ist von dem Vorhergehenden durch eine Randleiste, die die 11. Zeile einnimmt, getrennt. Auf der linken Seite jeder Columne tritt die rothe Initiale jedes Kanons hervor, daneben in roth die Ordnungszahl des Kanons. Nach dem letzten Worte ἔστω auf fol. 86a Zeile 16 folgt auf Zeile 17 wieder eine einfache Randleiste. Der Codex, von Lambeck als pervetustus bezeichnet, gehört dem 12.—13. Jahrhundert an. — Die in der Handschrift häufig vorkommenden rein orthographischen Ungenauigkeiten habe ich in der Regel stillschweigend verbessert.

[4]) Diesen Brief gebe ich in dem durch Georgios Monachos a. a. O. überlieferten Wortlaute mit einigen Correcturen aus dem Texte bei Georgios Kedrenos a. a. O.

Τῶν ἁγίων ρξε΄ πατέρων τῆς ἐν Κωνσταντινουπόλει ἁγίας πέμπτης συνόδου κανόνες δεκαπέντε [a].

α΄ Εἴ τις τὴν μυθώδη προΰπαρξιν τῶν ψυχῶν καὶ τὴν ταύτῃ ἑπομένην τερατώδη ἀποκατάστασιν [b] πρεσβεύει [1]), ἀνάθεμα ἔστω.

β΄ Εἴ τις λέγει, πάντων τῶν λογικῶν τὴν παραγωγὴν νόας ἀσωμάτους καὶ ἀΰλους γεγονέναι δίχα παντὸς ἀριθμοῦ καὶ ὀνόματος, ὡς ἑνάδα πάντων τούτων γενέσθαι, τῇ ταυτότητι τῆς οὐσίας καὶ δυνάμεως καὶ ἐνεργείας καὶ τῇ [c] πρὸς τὸν θεὸν λόγον ἑνώσει τε καὶ γνώσει· κόρον δὲ αὐτοὺς [d] λαβεῖν τῆς θείας θεωρίας καὶ πρὸς τὸ χεῖρον τραπῆναι κατὰ

Γράμμα τοῦ βασιλέως Ἰουστινιανοῦ πρὸς τὴν ἁγίαν σύνοδον περὶ Ὠριγένους καὶ τῶν ὁμοφρόνων αὐτοῦ.

Σπουδὴ γέγονεν ἡμῖν καὶ ἔστιν, ἀτάραχον τὴν ἁγίαν τοῦ θεοῦ καὶ ἀποστολικὴν ἐκκλησίαν διαφυλάττεσθαι, ὡς δίκαιον, καὶ τὰ ὁπωσοῦν ἀναφυόμενα τῇ ὀρθοδόξῳ πίστει ἐναντία κατακρίνεσθαι.

Ἐπεὶ τοίνυν διέγνωσται ἡμῖν, ὥς τινες ἐν Ἱεροσολύμοις εἰσὶ μοναχοί, δήπουθεν Πυθαγόρᾳ καὶ Πλάτωνι καὶ Ὠριγένει τῷ Ἀδαμαντίῳ καὶ τῇ τούτων δυσσεβείᾳ καὶ πλάνῃ κατακολουθοῦντες καὶ διδάσκοντες, δεῖν ᾠήθημεν φροντίδα καὶ ζήτησιν ποιήσασθαι περὶ τούτων, ἵνα μὴ τέλεον διὰ τῆς ἑλληνικῆς καὶ μανιχαϊκῆς ἀπάτης αὐτῶν πολλοὺς ἀπολέσωσι.

Λέγουσι γάρ, ἵνα ἐκ τῶν πολλῶν ὀλίγα μνημονεύσωμεν, ὅτι νόες ἦσαν δίχα παντὸς ἀριθμοῦ τε καὶ ὀνόματος, ὡς ἑνάδα πάντων εἶναι τῶν λογικῶν τῇ ταυτότητι τῆς οὐσίας καὶ ἐνεργείας καὶ τῇ δυνάμει τῇ πρὸς τὸν θεὸν λόγον ἑνώσει τε καὶ γνώσει· καὶ ὡς κόρον αὐτῶν λαβόντων τῆς θείας ἀγάπης καὶ θεωρίας κατὰ ἀναλογίαν τῆς

[a] Das von Lambeck hinzugefügte κατὰ Ὠριγένους fehlt in der Handschrift (C). [b] ἀποκατάσιν C. [c] τῆς C. [d] αὐτὸν C.

1) Vgl. Cyrilli Scythop. Vita Euthymii p. 52: τὴν παρ' αὐτοῖς μυθενομένην τῶν νοῶν προΰπαρξιν καὶ τὴν ταύτῃ ἑπομένην τερατώδη ἀποκατάστασιν.

τὴν ἑκάστου ἀναλογίαν τῆς ἐπὶ τοῦτο ῥοπῆς καὶ εἰληφέναι σώματα¹) λεπτομερέστερα ἢ παχύτερα καὶ ὄνομα κληρώ-
5 σασθαι διὰ τὸ ὡς ὀνομάτων οὕτω καὶ σωμάτων διαφορὰς εἶναι τῶν ἄνω δυνάμεων· καὶ ἐντεῦθεν τοὺς μὲν χερουβίμ, τοὺς δὲ σεραφίμ, τοὺς δὲ ἀρχὰς καὶ
10 ἐξουσίας ἢ κυριότητας ἢ θρόνους καὶ ἀγγέλους καὶ ὅσα ἐστὶν οὐράνια τάγματα γεγονέναι ᵃ τε καὶ ὀνομασθῆναι, ἀ. ἔ.

γ´ Εἴ τις λέγει, τὸν ἥλιον καὶ
15 τὴν σελήνην καὶ τοὺς ἀστέρας καὶ αὐτὰ τῆς αὐτῆς τῶν λογικῶν ἑνάδος ὄντα ἐκ παρατροπῆς τῆς ἐπὶ τὸ χεῖρον γεγονέναι τοῦτο, ὅπερ εἰσίν,
20 ἀ. ἔ.²).

δ´ Εἴ τις λέγει, τὰ λογικὰ τὰ τῆς θείας ἀγάπης ἀποψυγέντα σώμασι παχυτέροις τοῖς καθ᾿ ἡμᾶς ἐνδεθῆναι ᵇ καὶ
25 ἀνθρώπους ὀνομασθῆναι³), τὰ δὲ ἐπὶ τὸ ἄκρον τῆς κακίας ἐληλακότα ψυχροῖς καὶ ζοφεροῖς ἐνδεθῆναι ᶜ σώμασι καὶ δαίμονας ἢ πνευματικὰ τῆς

ἐπὶ τὸ χεῖρον ἑκάστου τροπῆς λεπτομερέστερα ἢ καὶ παχύτερα σώματα ἀμφιάσασθαι καὶ ὀνόματα κληρώσασθαι·

κἀντεῦθεν τὰς οὐρανίους καὶ λειτουργικὰς ὑποστῆναι δυνάμεις·

ἀλλὰ μὴν καὶ ἥλιον καὶ σελήνην καὶ τοὺς ἀστέρας καὶ αὐτὰ τῆς αὐτῆς τῶν λογικῶν ἑνάδος ὄντα ἐκ τῆς ἐπὶ τὸ χεῖρον τροπῆς τοῦτο γεγονέναι, ὅπερ εἰσί·

τὰ δὲ ἐπὶ πλεῖον τῆς θείας ἀγάπης ἀποψυγέντα λογικὰ ψυχὰς ὀνομασθῆναι καὶ σώμασι παχυτέροις τοῖς καθ᾿ ἡμᾶς ἐμβληθῆναι· τὰ δὲ ἐπὶ τὸ ἄκρον τῆς κακίας ἐληλακότα ψυχροῖς καὶ ζοφεροῖς ἐνδεθῆναι σώμασι καὶ δαίμονας γεγονέναι τε καὶ ὀνομασθῆναι·

ᵃ γέγονέ C.   ᵇ ἐνδεηθῆναι C.   ᶜ ἐνδεηθῆναι C.

---

¹) Vgl. anath. 1 in Justinians Edict gegen Origenes (Mansi IX Sp. 533 A): Εἴ τις λέγει ἢ ἔχει, προϋπάρχειν τὰς τῶν ἀνθρώπων ψυχάς, οἷα πρώην νόας οὔσας καὶ ἁγίας δυνάμεις, κόρον δὲ λαβούσας τῆς θείας θεωρίας καὶ πρὸς τὸ χεῖρον τραπείσας, καὶ διὰ τοῦτο ἀποψυγείσας μὲν τῆς τοῦ θεοῦ ἀγάπης, ἐντεῦθεν δὲ ψυχὰς ὀνομασθείσας καὶ τιμωρίας χάριν εἰς σώματα καταπεμφθείσας, ἀνάθεμα.

²) Vgl. anath. 6 a. a. O. Sp. 533 C: Εἴ τις λέγει, οὐρανὸν καὶ ἥλιον καὶ σελήνην καὶ ἀστέρας καὶ ὕδατα τὰ ὑπεράνω τῶν οὐρανῶν ἐμψύχους καὶ λογικὰς εἶναί τινας δυνάμεις, ἀ. ἔ.

³) Vgl. die vorletzte Anmerkung.

πονηρίας εἶναί τε καὶ καλεῖσθαι, ἀ. ἔ.

ε΄ Εἴ τις λέγει, ἐξ ἀγγελικῆς καταστάσεως καὶ ἀρχαγγελικῆς ψυχικὴν κατάστασιν γίνεσθαι, ἐκ δὲ ψυχῆς δαιμονιώδη καὶ ἀνθρωπίνην[a], ἐκ δὲ ἀνθρωπίνης ἀγγέλους πάλιν καὶ δαίμονας γίνεσθαι καὶ ἕκαστον τάγμα τῶν οὐρανίων δυνάμεων ἢ ὅλον ἐκ τῶν κάτω ἢ ἐκ τῶν ἄνω ἢ ἐκ τῶν ἄνω καὶ τῶν κάτω συνεστηκέναι, ἀ. ἔ.

καὶ ὅτι ἐξ ἀγγελικῆς μὲν καταστάσεως ψυχικὴ γίνεται κατάστασις, ἐκ δὲ τῆς ψυχικῆς δαιμονιώδης τε καὶ ἀνθρωπίνη·

ϛ΄ Εἴ τις λέγει, διττὸν πεφηνέναι τὸ γένος τῶν δαιμόνων συγκροτούμενον ἔκ τε ψυχῶν ἀνθρωπίνων καὶ ἐκ κρειττόνων καταπιπτόντων εἰς τοῦτο πνευμάτων· ἕνα δὲ νοῦν ἐκ πάσης τῆς δῆθεν ἑνάδος τῶν λογικῶν ἀκίνητον μεῖναι τῆς θείας ἀγάπης καὶ θεωρίας, ὃν Χριστὸν καὶ βασιλέα γεγονότα πάντων τῶν λογικῶν παραγαγεῖν πᾶσαν τὴν σωματικὴν φύσιν, οὐρανόν τε καὶ γῆν καὶ τὰ ἐν μέσῳ· καὶ ὅτι ὁ κόσμος πρεσβύτερα τῆς ὑπάρξεως αὐτοῦ στοιχεῖα ἔχων ἐνυπόστατα, ξηρόν, ὑγρόν, θερμόν, ψυχρόν, καὶ τὴν ἰδέαν, πρὸς ἣν ἀπετυπώθη, οὕτως γέγονε· καὶ ὅτι οὐχ ἡ παναγία καὶ ὁμοούσιος τριὰς ἐδημιούργησε τὸν κόσμον καὶ διὰ τοῦτό ἐστι γενητός, ἀλλ' ὁ νοῦς, ὃν φασι, δημιουργικὸς προϋπάρχων τοῦ κόσμου καὶ τὸ[b] εἶναι αὐτῷ τῷ κόσμῳ παρέχων γενητὸν ἀνέδειξεν, ἀ. ἔ.

ἕνα δὲ μόνον νοῦν ἐκ πάσης τῆς ἑνάδος τῶν λογικῶν ἀκλόνητον μεῖναι καὶ ἀκίνητον τῆς θείας ἀγάπης καὶ θεωρίας, ὃς καὶ Χριστός, βασιλεὺς καὶ ἄνθρωπος γεγονέναι·

[a] ἀνθρωπίνη C. [b] τῶ C.

ζ´ Εἴ τις λέγει, Χριστὸν λεγόμενον ἐν μορφῇ θεοῦ ὑπάρχειν καὶ πρὸ πάντων τῶν αἰώνων ἑνωθέντα τῷ θεῷ λόγῳ ἐπ᾽ ἐσχάτων τῶν ἡμερῶν κενῶσαι ἑαυτὸν πρὸς τὸ ἀνθρώπινον, ἐλεήσαντα τήν, ὥς φασιν, γενομένην κατάπτωσιν τῶν τῆς αὐτῆς ἑνάδος καὶ ἐπαναγαγεῖν αὐτοὺς βουλόμενον διὰ πάντων γενέσθαι καὶ σώματα διάφορα μεταμφιάσασθαι καὶ ὀνόματα κληρώσασθαι, πάντα πᾶσι γεγενημένον, ἐν ἀγγέλοις ἄγγελον, ἀλλὰ καὶ ἐν δυνάμεσι δύναμιν καὶ ἐν ἄλλοις τάγμασιν ἢ εἴδεσι τῶν λογικῶν ἁρμονίως ἑκάστοις μεταμορφῶσθαι[1]· εἶτα παραπλησίως ἡμῖν μετεσχηκέναι σαρκὸς καὶ αἵματος καὶ γεγονέναι καὶ τοῖς ἀνθρώποις ἄνθρωπον· καὶ μὴ ὁμολογεῖ, τὸν θεὸν λόγον κενωθῆναί τε καὶ ἐνανθρωπῆσαι, ἀ. ἔ.

η´ Εἴ τις μὴ λέγει. τὸν θεὸν λόγον τὸν ὁμοούσιον τῷ θεῷ καὶ πατρὶ καὶ ἁγίῳ πνεύματι, τὸν σαρκωθέντα καὶ ἐνανθρωπήσαντα, τὸν ἕνα τῆς ἁγίας τριάδος, κυρίως Χριστόν, ἀλλὰ καταχρηστικῶς διὰ τόν, ὥς φασι, κενώσαντα ἑαυτὸν νοῦν, ὡς συνημμένον αὐτῷ τῷ θεῷ λόγῳ καὶ κυρίως λεγόμενον Χριστόν, ἀλλ᾽ ἐκεῖνον διὰ τοῦτον Χριστὸν καὶ τοῦτον δι᾽ ἐκεῖνον θεόν, ἀ. ἔ.

θ´ Εἴ τις λέγει, ὅτι οὐχ ὁ λόγος τοῦ θεοῦ σαρκωθεὶς σαρκὶ ἐμψυχω-

---

[1] Vgl. anath. 4 a. a. O.: Εἴ τις λέγει ἢ ἔχει, πᾶσι τοῖς ἐπουρανίοις τάγμασιν ἐξομοιωθῆναι τὸν τοῦ θεοῦ λόγον, γενόμενον τοῖς χερουβὶμ χερουβὶμ καὶ τοῖς σεραφὶμ σεραφὶμ καὶ πάσαις ἁπλῶς ταῖς ἄνω δυνάμεσι ἐξομοιωθέντα, ἀ. ἔ.

μένῃ ψυχῇ λογικῇ καὶ νοερᾷ κατελήλυθεν εἰς τὸν ᾄδην (sic) καὶ πάλιν εἰς τὸν οὐρανὸν ὁ αὐτὸς ἀναβέβηκεν, ἀλλ᾽ ὁ παρ᾽ αὐτοῖς λεγόμενος νοῦς, ὃν ἀσεβοῦντες λέγουσι κυρίως Χριστὸν τῇ τῆς μονάδος γνώσει πεποιημένον, ἀ. ἔ.

ιʹ Εἴ τις λέγει, ὡς τὸ τοῦ κυρίου ἐξ ἀναστάσεως σῶμα αἰθέριόν τε καὶ σφαιροειδὲς τῷ σχήματι, καὶ ὅτι τὰ τοιαῦτα καὶ τὰ τῶν λοιπῶν ἐξ ἀναστάσεως ἔσται σώματα¹)· καὶ ὅτι αὐτοῦ τοῦ κυρίου πρῶτον ἀποτιθεμένου τὸ ἴδιον αὐτοῦ σῶμα καὶ πάντων ὁμοίως εἰς τὸ ἀνύπαρκτον χωρήσει ἡ τῶν σωμάτων φύσις, ἀ. ἔ.

ιαʹ Εἴ τις λέγει, ὅτι ἡ μέλλουσα κρίσις ἀναίρεσιν παντελῆᵃ τῶν σωμάτων σημαίνει, καὶ ὅτι τέλος ἐστὶ τοῦ μυθευομένου ἡ ἄϋλος φύσις, καὶ οὐδὲν ἐν τῷ μέλλοντι τῶν τῆς ὕλης ὑπάρξει, ἀλλὰ γυμνὸς ὁ νοῦς, ἔ. ἀ.

ιβʹ Εἴ τις λέγει, ὅτι ἑνοῦνται τῷ θεῷ λόγῳ οὕτως ἀπαραλλάκτως αἵ τε ἐπουρανίαι (sic) δυνάμεις καὶ πάντες οἱ ἄνθρωποι καὶ ὁ διάβολος καὶ τὰ πνευματικὰ τῆς πονηρίας, ὡς αὐτὸς ὁ νοῦς ὁ λεγόμενος παρ᾽ αὐτῶν Χριστὸς καὶ ἐν μορφῇ θεοῦ ὑπάρχων καὶ κενώσας, ὥς φασιν, ἑαυτόν, καὶ

καὶ ὅτι παντελής ἐστι τῶν σωμάτων ἀναίρεσις, αὐτοῦ τοῦ κυρίου πρώτου ἀποτιθεμένου τὸ ἴδιον σῶμα, καὶ τῶν λοιπῶν ἁπάντων· καὶ ὅτι ἀνακομίζονται πάλιν ἅπαντες εἰς τὴν αὐτὴν ἑνάδα καὶ γίνονται νόες, καθὰ καὶ ἐν τῇ προϋπάρξει ἐτύγχανον, ἀποκαθισταμένων δηλονότι καὶ αὐτοῦ τοῦ διαβόλου καὶ τῶν λοιπῶν δαιμόνων εἰς τὴν αὐτὴν ἑνάδα καὶ τῶν ἀσεβῶν καὶ ἀθέων ἀνθρώπων μετὰ τῶν θείων καὶ θεοφόρων ἀνδρῶν καὶ τῶν οὐρανίων δυνάμεων καὶ τὴν αὐτὴν ἐξόντων ἕνωσιν πρὸς τὸν θεόν, ὁποίαν ἔχει καὶ ὁ Χριστός, καθὼς καὶ προϋπῆρχον, ὡς μηδεμίαν εἶναι διαφορὰν τῷ Χριστῷ πρὸς τὰ λοιπὰ λογικὰ παντελῶς, οὔτε τῇ οὐσίᾳ οὔτε τῇ γνώσει οὔτε τῇ δυνάμει οὔτε

ᵃ παντελεῖ C.

---

¹) Vgl. anath. 5 a. a. O.: Εἴ τις λέγει ἢ ἔχει, ἐν τῇ ἀναστάσει σφαιροειδῆ τὰ τῶν ἀνθρώπων ἐγείρεσθαι σώματα καὶ οὐχ ὁμολογεῖ ὀρθίους ἡμᾶς ἐγείρεσθαι, ἀ. ἔ. Im Edicte selbst wird dieser Satz auch auf den Leib Christi bezogen.

πέρας ἔσεσθαι τῆς βασιλείας τοῦ Χριστοῦ¹), ἀ. ἔ.

ιγ΄ Εἴ τις λέγει, ὡς οὐδὲ μίαν παντελῶς ἕξει ὁ Χριστὸς πρὸς οὐδὲ ἓν τῶν λογικῶν διαφοράν, οὐδὲ τῇ οὐσίᾳ οὐδὲ τῇ γνώσει οὐδὲ τῇ ἐφ᾽ ἅπαντα δυνάμει ἢ ἐνεργείᾳ, ἀλλὰ πάντες ἐκ δεξιῶν ἔσονται τοῦ θεοῦ, καθάπερ ὁ παρ᾽ αὐτοῖς Χριστός, ὡς καὶ ἐν τῇ παρ᾽ αὐτῶν μυθευομένῃ προϋπάρξει ἐτύγχανον ᵃ, ἀ. ἔ.

ιδ΄ Εἴ τις λέγει, ὅτι πάντων τῶν λογικῶν ἑνὸς μία ἔσται, τῶν ὑποστάσεων καὶ τῶν ἀριθμῶν συναναιρουμένων τοῖς σώμασι· καὶ ὅτι τῇ γνώσει τῇ περὶ τῶν λογικῶν ἕπεται κόσμων τε φθορὰ καὶ σωμάτων ἀπόθεσις καὶ ὀνομάτων αἱρέσεις ᵇ, <καὶ> ᶜ ταυτότης ἔσται τῆς γνώσεως, καθάπερ καὶ τῶν ὑποστάσεων· καὶ ὅτι ἐν τῇ μυθευομένῃ ἀποκαταστάσει ἔσονται μόνοι γυμνοὶ <οἱ νόες> ᵈ, καθάπερ καὶ ἐν τῇ παρ᾽ αὐτῶν ληρωδουμένῃ προϋπάρξει ἐτύγχανον, ἀ. ἔ.

τῇ ἐνεργείᾳ. Ὁ γάρ τοι Πυθαγόρας ἀρχὴν τῶν πάντων ἔφησεν εἶναι τὴν μονάδα²). καὶ πάλιν Πυθαγόρας καὶ Πλάτων δῆμόν τινα ψυχῶν ἀσωμάτων εἰπόντες καὶ τὰς ἁμαρτάδι τινὶ περιπεσούσας τιμωρίας χάριν εἰς σώματα καταπέμπεσθαι λέγουσιν. ὅθεν ὁ Πλάτων δέμας τὸ σῶμα καὶ σῆμα ἐκάλεσεν, ὡς οἱονεὶ ἐν τούτῳ τῆς ψυχῆς δεδεμένης καὶ τεθαμμένης³). εἶτα περὶ τῆς ἐσομένης κρίσεως καὶ ἀνταποδόσεως τῶν ψυχῶν αὖθίς φησιν· „Ἡ μὲν παιδεραστήσαντος καὶ κακῶς βιώσαντος μετὰ φιλοσοφίας ψυχὴ τρίτῃ περιόδῳ τῇ χιλιετεῖ ἐᾶται κολασθῆναι, καὶ οὕτω πτερωθεῖσα τῷ χιλιοστῷ ἔτει ἐκβάλλεται καὶ ἀπέρχεται. αἱ δὲ ἄλλαι, ὁπόταν τόνδε τὸν βίον τελέσωσιν, αἳ μὲν εἰς τὰ ὑπὸ γῆς δικαιωτήρια ἐλθοῦσαι δίκην ἅμα καὶ λόγον τίσουσιν, αἳ δὲ εἰς οὐράνιόν τινα τόπον κουφισθήσονται καὶ ὑπὸ τῆς δίκης διάξουσιν ἀξίως, καθὼς ἐβίωσαν." οὐ

ᵃ ἐντύγχανον C. Lambeck las ἐντυγχάνων. — Vgl. unten Zeile 26.
ᵇ Lambeck las αἵρεσις. Das Fortfallen der Namen (anath. 2) ist gemeint.
ᶜ Von mir hinzugefügt.   ᵈ Von mir hinzugefügt.

---

¹) Vgl. Theodori Scythop. Libellus anath. 4 ed. Migne Patrol. gr. 86, 1, 233 C: Εἴ τις λέγει ἢ ἔχει ἢ φρονεῖ ἢ διδάσκει, πέρας ἢ τέλος ἕξειν ποτὲ τὴν τοῦ μεγάλου θεοῦ καὶ σωτῆρος ἡμῶν Ἰησοῦ Χριστοῦ βασιλείαν, ἀ. ἔ.

²) Vgl. Theodoreti Graecarum affectionum curatio II ed. Migne Patrol. gr. 83, 833 AB: Καὶ Πυθαγόρας δὲ ὁ Μνησάρχου ἀρχὴν τῶν πάντων ἔφησε τὴν μονάδα.

³) Vgl. Theodoreti Graec. aff. cur. V Sp. 928 C: Πυθαγόρας δὲ καὶ Πλάτων δῆμόν τινα ψυχῶν ἀσωμάτων εἰσάγουσι καὶ τὰς ἁμαρτάδι τινὶ περιπεσούσας τιμωρίας χάριν εἰς σώματα καταπέμπεσθαι λέγουσι. τῷ τοι ὁ Πλάτων ἐν τῷ Κρατύλῳ (p. 400 B) τὸ σῶμα σῆμα κέκληκεν, ὡς ἐν τούτῳ τῆς ψυχῆς οἱονεὶ τεθαμμένης.

ιε´ Εἴ τις λέγει, ὅτι ἡ ἀγωγὴ τῶν νοῶν ἡ αὐτὴ ἔσται τῇ προτέρᾳ, ὅτε οὔπω ὑποβεβήκεσαν ἢ καταπεπτώκεισαν, ὡς τὴν ἀρχὴν 5 τὴν αὐτὴν εἶναι τῷ τέλει καὶ τὸ τέλος τῆς ἀρχῆς μέτρον εἶναι, ἀ. ἔ. | τὴν ἀτοπίαν τοῦ λόγου καταμαθεῖν ῥᾴδιον. τίς γὰρ αὐτὸν ἐδίδαξε τὰς τῶν ἐτῶν περιόδους καὶ χιλιάδας; καὶ ὅτι χιλίων διεληλυθότων ἐτῶν τότε τῶν ψυχῶν ἑκάστη εἰς τὸν ἴδιον ἀπέρχεται χῶρον; τὰ δὲ μεταξὺ τούτων οὐδὲ τοῖς ἄγαν ἀσελγεστάτοις ἥρμοττε λέγειν, μήτοιγε φιλοσόφῳ τοιούτῳ. τοῖς γὰρ τὴν ἀκραιφνῆ πολιτείαν κατωρθωκόσι τοὺς ἀκολάστους καὶ παι- 10 δεραστὰς συνέζευξε καὶ τούτους κἀκείνους τῶν αὐτῶν ἔφησεν ἀπολαύσεσθαι [1]). Πυθαγόρας τοίνυν καὶ Πλάτων καὶ Πλωτῖνος καὶ οἱ τῆς ἐκείνων συμμορίας ἀθανάτους εἶναι τὰς ψυχὰς συνομολογήσαντες προϋπάρχειν ταύτας ἔφησαν τῶν σωμάτων, καὶ δῆμον εἶναι ψυχῶν, καὶ τὰς πλημμελούσας εἰς σώματα καταπίπτειν, ὡς 15 ἔφην, καὶ τοὺς μὲν πικροὺς καὶ πονηροὺς * *, τοὺς δὲ ἁρπακτικοὺς εἰς λύκους, τοὺς δὲ δολεροὺς εἰς ἀλώπεκας [2]), τοὺς δὲ θηλυμανεῖς εἰς ἵππους. ἡ δὲ ἁγία ἐκκλησία τοῖς θείοις ἑπομένη λόγοις φάσκει τὴν ψυχὴν συνδημιουργηθῆναι τῷ σώματι, καὶ οὐ τὸ μὲν πρότερον, τὸ δὲ ὕστερον κατὰ τὴν Ὠριγένους φρενοβλάβειαν. 20 Διὰ ταῦτα γοῦν τὰ πονηρὰ καὶ ὀλέθρια δόγματα, μᾶλλον δὲ ληρήματα, προτρέπομεν τοὺς ὁσιωτάτους ὑμᾶς εἰς ἓν συνηγμένους

---

[1]) Vgl. Theodoreti Graec. aff. cur. XI Sp. 1108C sqq.: „Οὐ γὰρ (Phaed. p. 248E) πτεροῦται πρὸ τοσούτου χρόνου, πλὴν ἢ τοῦ φιλοσοφήσαντος ἀδόλως ἢ παιδεραστήσαντος μετὰ φιλοσοφίας. αὗται δὲ τρίτῃ περιόδῳ τῇ χιλιετίᾳ ἐῶνται. τρὶς δὲ ἐφεξῆς τὸν βίον τοῦτον οὕτως πτερωθεῖσαι τῷ χιλιοστῷ ἔτει ἀπέρχονται. αἱ δὲ ἄλλαι, ὅταν τὸν πρῶτον βίον τελευτήσωσι, κρίσεως ἔτυχον. κριθεῖσαι δέ, αἳ μὲν εἰς τὰ ὑπὸ γῆς δικαιωτήρια ἐλθοῦσαι δίκην τίνουσιν, αἳ δὲ εἰς τοῦ οὐρανοῦ τινα τόπον ὑπὸ τῆς δίκης κουφισθεῖσαι, διάγουσιν ἀξίως, οὗ ἐν ἀνθρώπου εἴδει ἐβίωσαν βίου." καὶ τούτων δὲ τὴν ἀτοπίαν τῶν λόγων καταμαθεῖν εὐπετές. τίς γάρ που αὐτὸν τὰς τῶν ἐτῶν ἐδίδαξε μυριάδας; καὶ ὅτι μυρίων διεληλυθότων ἐτῶν τότε τῶν ψυχῶν ἑκάστη εἰς [τὸν] ἴδιον ἐπανέρχεται χῶρον; τὰ δὲ μεταξὺ τούτων οὐδὲ τοῖς ἄγαν ἀσελγεστάτοις ἥρμοττε λέγειν, μήπου γε φιλοσόφῳ. τοῖς γὰρ τὴν ἀκραιφνῆ φιλοσοφίαν κατωρθωκόσι τοὺς ἀκολάστους καὶ παιδεραστὰς ξυνέζευξε καὶ τούτους κἀκείνους τῶν αὐτῶν ἄθλων ἔφησεν ἀπολαύσεσθαι.

[2]) Vgl. Theodoreti Haereticarum fabularum compendium V Sp. 480C: Πυθαγόρας μὲν γὰρ καὶ Πλάτων καὶ Πλωτῖνος καὶ οἱ τῆς ἐκείνων συμμορίας ἀθανάτους εἶναι συνομολογήσαντες τὰς ψυχὰς προϋπάρχειν ταύτας ἔφασαν τῶν σωμάτων, καὶ δῆμον εἶναί τινα ψυχῶν ἀναρίθμων, καὶ τὰς πλημμελούσας εἰς σώματα καταπέμπεσθαι, ὥστε τῇ τοιῇδε καθαρθείσας παιδείᾳ πάλιν ἐπανελθεῖν εἰς τὸν ἴδιον χῶρον, τὰς δὲ κἂν τοῖς σώμασι παράνομον βίον ἀσπασμένας εἰς τὰ ἄλογα καταπέμπεσθαι ζῷα· τοὺς μὲν πικροὺς καὶ ἰοβόλους εἰς ἑρπετά, τοὺς δὲ ἁρπακτικοὺς εἰς λύκους, τοὺς δὲ θρασεῖς εἰς λέοντας, εἰς ἀλώπεκας δὲ τοὺς δολεροὺς.

ἐπιμελῶς ἐντυχεῖν τῇ ὑποτεταγμένῃ ἐκθέσει καὶ ἕκαστον τῶν αὐτοῦ κεφαλαίων καταχρῖναί τε καὶ ἀναθεματίσαι μετὰ τοῦ δυσσεβοῦς Ὠριγένους καὶ πάντων τῶν τὰ τοιαῦτα φρονούντων ἢ φρονησόντων εἰς τέλος.

Die Gegenüberstellung zeigt mit Evidenz die Zusammengehörigkeit der Anathematismen und des Briefes. Wenn jene manches bieten, was dieser nicht enthält, so ist nicht zu übersehen, daß es in dem Briefe heißt: ἵνα ἐκ τῶν πολλῶν ὀλίγα μνημονεύσωμεν (S. 90, 22). Wir dürfen annehmen, daß das Mehr der Anathematismen aus der zum Schluß erwähnten, verloren gegangenen ἔκθεσις genommen ist. Die Zusammengehörigkeit ergibt sich auch daraus, daß die Anathematismen ebenso wie der Brief nicht die Lehre des Origenes, sondern die der origenistischen Mönche in Palästina bekämpfen. Es heißt immer φασί (S. 92, 35; 93, 7. 29; 94, 34), ἀσεβοῦντες λέγουσι (S. 94, 5), ὁ λεγόμενος παρ᾽ αὐτῶν Χριστός (S. 94, 32), ὁ παρ᾽ αὐτοῖς Χριστός (S. 95, 10) u. a. Origenes selbst wird nicht genannt. Evident ist auch die Unmöglichkeit, die fünfzehn Anathematismen aus dem Edicte des Kaisers herzuleiten. Nur bei vier von ihnen ist es theilweise möglich.

Wir können also mit gutem Grunde behaupten, daß diese fünfzehn Anathematismen die in dem Briefe Justinians „an die heilige Synode" erwähnten κεφάλαια sind, die der Kaiser den im Jahre 553 in Konstantinopel versammelten Bischöfen zur Untersuchung und Bestätigung zugeschickt hat.

3. Die Acten der fünften allgemeinen Synode enthalten, wie wir oben S. 75 gesehen haben, in der fünften Sitzung die Aeußerung des Theodoros Askidas, daß eben damals (nunc) die versammelten Bischöfe (vestra sanctitas) und der Papst Vigilius den Origenes anathematisirt hätten. Man hat diese Worte, deren Echtheit nicht zu bezweifeln ist (S. 75 f.), auf die allgemeine Zustimmung der Bischöfe zu dem Edicte Justinians im Jahre 543 beziehen zu müssen geglaubt. Hefele bemerkt: „Theodor Askidas will an unserer Stelle nur sagen: ‚Dieselben Bischöfe, die hier sitzen, hätten vor Kurzem, sammt Vigilius, den Origenes anathematisirt, d. h. das kaiserliche Edict gegen Origenes vom Jahre 543 angenommen.' Wäre von der fünften Synode selbst schon ein Bann über Origenes ausgesprochen gewesen, so hätte man ja nicht darüber streiten können, ob ein Todter anathematisirt werden dürfe oder nicht" (II² S. 875 Anm. 1). Daß diese Begründung hinfällig ist, ergibt

sich schon aus dem oben S. 75 f. Gesagten. Die Verdammung des Origenes im Jahre 543 oder 553 ließ die Frage, ob das Anathem gegen einen Verstorbenen zulässig sei oder nicht, in den Augen Justinians und wohl fast aller Zeitgenossen ganz unberührt, da man als feststehend voraussetzte, Origenes sei schon vor seinem Tode aus der Kirche ausgeschlossen worden. Zudem macht die Deutung der Worte „nunc" und „vestra sanctitas" in dem Erklärungsversuche Hefeles einen allzu gezwungenen Eindruck. Für einen großen Theil der anwesenden Bischöfe, z. B. für sämmtliche Patriarchen, ist es geradezu unzutreffend, daß sie das Edict vom Jahre 543 angenommen haben sollten. Domninos hatte erst 546, Apolinarios 551, Eutychios 552 die Bischofsweihe erhalten. Wer die Aeußerung des Askidas unbefangen liest, wird sie auf ein Urtheil beziehen, das die zum fünften Concil berufenen Bischöfe in Konstantinopel kurz vorher gegen Origenes gefällt hatten.

4. Einzelne kleine Fragmente aus den Verhandlungen gegen die Origenisten werden uns bei einigen Chronisten und kirchlichen Schriftstellern der Folgezeit aufbewahrt. Statt diese Stücke aus dem Zusammenhange, in dem sie sich dort finden, herauszureißen und hier zusammenzustellen, wird es vorzuziehen sein, sie in Verbindung mit den übrigen Nachrichten, die wir jenen Autoren verdanken, in den folgenden Abschnitten zu behandeln.

§ 10.
Fortsetzung.
B. Nachrichten von gleichzeitigen Schriftstellern.

1. Kyrillos von Skythopolis meldet schon im Jahre 557 mit großer Bestimmtheit, daß die fünfte ökumenische Synode ebenso wie den Theodoros von Mopsuestia auch den Origenes und die Lehren des Evagrios und Didymos über die Präexistenz und die Apokatastasis mit dem Anathem getroffen habe. Wir sahen, daß die Ereignisse der vorhergegangenen Jahre ein Vorgehen der Synodalmitglieder gegen die Origenisten sehr erklärlich erscheinen lassen, und daß es ungerechtfertigt wäre, in die Wahrheitsliebe des Kyrillos solches Mißtrauen zu setzen, daß man den Bericht als seine freie Erfindung betrachtete. Halloix hat dieses schwerwiegende Zeugniß noch nicht gekannt. Die Späteren haben, sofern sie es kannten, aber nicht gelten ließen, gewöhnlich die Behauptung aufgestellt, Kyrillos habe irrthümlich die Synoden von 543 und

553 verwechselt. Darüber brauchen wir kein Wort mehr zu verlieren.

Vielfache Zustimmung hat die Hypothese Hefeles gefunden, der ein uns bereits bekanntes Wort Victors von Tunnuna, der Bischof Eutychios von Konstantinopel sei der „damnator" der drei Capitel, des Evagrios und des Didymos (vgl. oben S. 81), zur Erklärung herbeizieht: „Dies weist darauf hin, daß Patriarch Eutychius nach Abhaltung unserer Synode, der er präsidirte, in seinem Sprengel ein Edict publicirte und darin die Beschlüsse des fünften Concils bekannt machte, und zugleich über Evagrius und Didymus, wohl auch über Origenes das Anathem aussprach (vielleicht die Dekrete der Synode unter Menas erneuerte). — War dem so, so konnte Cyrillus, als Einsiedler in der entfernten Laura lebend, das der fünften Synode folgende Edict des Eutychius leichtlich mit dieser selbst verbinden und so zu seiner Angabe wegen Origenes kommen" (II² S. 862 f.). Allein die Weltabgeschiedenheit jener Eremiten darf nach Allem, was wir über ihre Theilnahme an den damals die orientalischen Provinzen erregenden Streitigkeiten hörten, nicht zu stark betont werden. Waren doch auch zur Zeit des ökumenischen Concils außer den drei zur Stellvertretung des Patriarchen von Jerusalem entsandten Bischöfen mehrere Mönche aus verschiedenen Klöstern Palästinas in Konstantinopel anwesend. Bei seinem Bestreben, für seine Schriften die zuverlässigsten Gewährsmänner zu Rathe zu ziehen, wird Kyrillos es wohl nicht unterlassen haben, bei jenen Mönchen Genaues zu erkunden. — Es ist ferner zu beachten, daß Kyrillos nur von einem Anathem der fünften Synode gegen gewisse Lehren des Evagrios und des Didymos, nicht gegen ihre Person, spricht, während das Urtheil des Eutychios über Evagrios und Didymos selbst den Bann verhängt hat. Daß die Worte Victors von Tunnuna wirklich auf ein besonderes Edict des Eutychios schließen lassen, wenn man sie mit seiner Nachricht über das Concil selbst vergleicht (siehe oben S. 81), gebe ich zu, zumal da Anastasios Sinaites ausdrücklich meldet, die Verurtheilung des Evagrios und Didymos d. i. ihrer Person sei nach dem ökumenischen Concil erfolgt (vgl. unten S. 113). Aber da Kyrillos von Skythopolis die Person dieser beiden Origenisten von der synodalen Verdammung ausschließt, da er den Beschluß der Synode inhaltlich genau so wiedergibt, wie andere von ihm unabhängige und gut unterrichtete

Zeugen (Sophronios, Anastasios Sinaites), da endlich schon die im § 9 erörterten Zeugnisse eine Verurtheilung der origenistischen Irrthümer durch die Bischöfe der fünften Synode hinlänglich verbürgen, so erscheint es mir nicht glaubhaft, daß Kyrillos irrthümlich die Nachrichten von den Synodalbeschlüssen und von einem Decrete des Patriarchen Eutychios zusammengeworfen hat.

2. Von außerordentlicher Wichtigkeit ist der Bericht des Kirchenhistorikers Evagrios, eines Advokaten in Antiochien, der uns die Ueberlieferung über die Synode, wie sie im antiochenischen Patriarchate bestand, mitgetheilt haben wird. Evagrios, zur Zeit des Concils etwa siebzehn Jahre alt, war noch Zeitgenosse der fraglichen Ereignisse. Sein Werk im allgemeinen „gründet sich auf die besten Quellen, zeugt von aufrichtiger Wahrheitsliebe und streng orthodoxer Gesinnung" [1]). Dieser Historiker gibt in seiner Geschichte der fünften ökumenischen Synode zunächst eine kurze Darstellung der Verhandlungen und Beschlüsse gegen die drei Capitel. Er führt dabei einige Aussprüche der Concilsväter wörtlich an, so daß wir mit Hülfe unserer lateinischen Sitzungsberichte constatiren können, daß er die Acten der Synode selbst vor sich gehabt hat [2]). Das erweckt jedenfalls ein günstiges Vorurtheil für seine unmittelbar folgenden Angaben über die Verhandlungen gegen die Origenisten.

Er sagt: „Da aber die Mönche Eulogios, Konon, Kyriakos und Pankratios Denkschriften gegen die Lehren des Origenes, der auch Adamantios heißt, und gegen die Anhänger seiner gottlosen Irrthümer eingereicht hatten *(λιβέλλων ἐπιδεδομένων)*, so befragte Justinian hierüber die versammelte Synode und fügte seinem Briefe eine Abschrift des Libellus *(τοῦ λιβέλλου τὸ ἴσον)* und sein diese Angelegenheit betreffendes Schreiben an Vigilius [3]) bei. Aus all' diesen Actenstücken ist zu ersehen, wie Origenes darauf ausge-

---

[1]) O. Bardenhewer, Patrologie S. 515. Vgl. G. Krüger, Monophysitische Streitigkeiten im Zusammenhange mit der Reichspolitik. Jena 1884 (Diss.) S. 38 f.

[2]) Evagrii Historia eccles. IV, 38 ed. Migne Patrol. gr. 86, 2, 2776 B – 2777 A.

[3]) Der von H. Valesius bevorzugte Text lautet: *ἀτὰρ καὶ τὰ πρὸς Βιγίλιον περὶ τούτων ἐπεσταλμένα*. Joh. Christophorsonus hingegen las: *πρὸς Βιγιλίου*, er übersetzt „literas Vigilii de iisdem rebus perscriptas" (Historiae ecclesiasticae scriptores, Joanne Christophorsono interprete. Ed. nova. Coloniae 1581 S. 862). Vgl. unten S. 114.

gangen ist, die einfache Lehre der Apostel mit dem Wahn der Hellenen und Manichäer zu durchsetzen. Die Synode schickte also, nachdem sie gegen Origenes und die Anhänger seines Irrthums Acclamationen gerichtet hatte, einen Bericht an Justinian, von dem ein Theil, wie folgt, lautet: ‚Da Du eine des himmlischen Adels theilhaftige Seele besitzest, christlichster Kaiser'; und etwas darnach: ‚Wir fliehen also, ja wir fliehen diese Lehre; denn wir kennen keine fremde Stimme und haben ihn wie einen Dieb und Räuber mit den Schlingen des Anathems festgebunden und aus dem Heiligthum geworfen;' und weiterhin: ‚Den Inhalt aber und die Bedeutung unserer Verhandlungen werdet Ihr aus der Lektüre derselben erfahren'.[1]) Diesem Berichte fügten sie auch die Capitel bei, deren Bekenntniß die Anhänger des Origenes gelernt haben. Man kann aus denselben ersehen, worin sie übereinstimmen und worin sie uneins sind und welches ihr vielgestaltiger Irrthum ist. Darunter enthält das fünfte Capitel die Lästerungen, die von gewissen Bewohnern *(ἀπὸ ἰδικῶν προσώπων)* der sogenannten neuen Laura vorgebracht worden waren; es lautet also: ‚Theodoros Askidas der Kappadokier hat gesagt: Wenn jetzt die Apostel und die Märtyrer Wunder wirken und so große Ehre genießen, wie wird dann ihre Apokatastasis beschaffen sein, wenn sie in der Apokatastasis nicht Christo gleich werden?' Sie führten auch viele andere Lästerungen des Didymos, Evagrios und Theodoros auf, die sie mit großem Fleiße aus ihren Büchern *(περὶ τούτων)* excerpirten"[2]).

Mit Sicherheit darf behauptet werden, erstens, daß Evagrios auch diese Mittheilungen aus Protokollen, die ihm vorlagen, entnommen, und zweitens, daß er selbst seine Quelle für einen Bestandtheil der Acten der fünften allgemeinen Synode gehalten hat. Wahrscheinlich waren diese Protokolle in der Handschrift, die er benutzte, mit den Sitzungsberichten über die drei Capitel vereinigt und schlossen sich unmittelbar an die letzteren an.

---

[1]) Die Excerpte lauten im Original: *Τῆς ἄνωθεν εὐγενείας μετέχουσαν κεκτημένος τὴν ψυχήν, χριστιανικώτατε βασιλεῦ. Καὶ μεθ' ἕτερα. Ἐφύγομεν τοίνυν, ἐφύγομεν ταύτην. οὐ γὰρ ἐγνωρίσαμεν τῶν ἀλλοτρίων τὴν φωνήν, καὶ ὡς κλέπτην καὶ ὡς λῃστὴν τὸν τοιοῦτον τοῖς τοῦ ἀναθέματος βρόχοις ἀσφαλῶς περισφίγξαντες τῶν ἱερῶν ἔξω περιβόλων ἀπεβαλόμεθα. Καὶ μετ' ὀλίγα· Τῶν δὲ παρ' ἡμῶν πεπραγμένων διὰ τῆς ἐπ' αὐτοῖς ἀναγνώσεως εἴσεσθε τὴν δύναμιν.*

[2]) A. a. O. Sp. 2777A—2780A.

Es soll diesem Historiker aber, so sucht man sein Zeugniß zu entkräften, ein böser Irrthum untergelaufen sein; sein Bericht über die Synode und ihre Vorgeschichte verrathe deutlich, daß die von ihm erwähnten Verhandlungen gegen Origenes der Synode unter Menas vom Jahre 543 angehören. Evagrios schildert nämlich den Anlaß zu der fünften ökumenischen Synode also: „Als Vigilius Bischof von Rom, zuerst Menas und dann Eutychios Bischof von Neurom war, als Apolinarios der Kirche von Alexandrien, Domninos der von Antiochien und Eustochios der von Jerusalem vorstand, berief Justinian die fünfte Synode aus folgendem Anlaß. Da die Anhänger der origenistischen Lehren, besonders in der sogenannten neuen Laura, siegreich vordrangen, trachtete Eustochios mit allem Eifer darnach, sie zu verjagen. Er ließ also die neue Laura besetzen und wies sie alle aus und trieb sie als ein allgemeines Verderben der Menschen in weite Ferne. Jene zerstreuten sich nach verschiedenen Seiten und gewannen Viele für ihre Partei. Zu ihrem Anwalt warf sich Theodoros, mit dem Beinamen Askidas, auf, der zwar Bischof von Cäsarea, der Hauptstadt der Kappadokier, war, aber sich beständig in der Nähe Justinians aufhielt und sich diesem durch treue Dienste sehr nützlich machte. Während derselbe nun den Palast in Aufregung setzte und das Vorgehen des Eustochios als reine Gottlosigkeit und Ungerechtigkeit ausgab, schickte Eustochios den Abt Rufus vom Kloster des Theodosios und Konon vom Kloster des Sabas, die durch ihre eigene Würdigkeit und durch das Ansehen der ihnen untergebenen Klöster (φροντιστηρίων) den ersten Rang unter den Eremiten einnahmen, zur Kaiserstadt. Mit ihnen kamen noch andere, nicht viel geringer an Würde. Diese nun betrieben es, daß zuerst (πρωτοτύπως) über Origenes und über Evagrios und Didymos verhandelt werde. Theodoros der Kappadokier aber suchte sie auf einen anderen Gegenstand abzulenken und brachte die Angelegenheit Theodors, des Bischofs von Mopsuestia, des Theodoret und des Ibas auf den Plan, indem der allgute Gott alles aufs Beste fügte, daß hier und dort das Unheilige vollständig entfernt wurde. Man warf zuerst die Frage auf, ob es erlaubt sei, die Todten zu bannen. Unter den Anwesenden befand sich Eutychios, der in der heiligen Schrift vorzüglich bewandert war; als Apokrisiar des Bischofs von Amasea war er damals, als Menas noch unter den Lebenden weilte, noch nicht sehr bekannt; er blickte die Versammelten nicht nur überlegen, sondern auch verächtlich an und erklärte offen, diese Frage erfordere doch kein Berathschlagen; habe doch einst der König Josias die Priester der Dämonen nicht nur, soweit sie noch lebten, getödtet, sondern auch die Gräber derjenigen, die lange vorher gestorben waren, öffnen lassen. Alle Anwesenden hielten diese Bemerkung für sehr treffend. Auch Justinian erfuhr davon und beförderte, als Menas gleich darauf aus dem Leben schied, den Eutychios auf den Bischofssitz der Kaiserstadt. Vigilius nun gab brieflich seine Zustimmung; am Concil theilzunehmen, weigerte er sich jedoch." Daran schließt Evagrios seinen oben erwähnten Bericht über die Synodalverhandlungen an.

Vergleichen wir diese Darstellung mit der Erzählung des Kyrillos von Skythopolis, so zeigen sich allerdings verschiedene Differenzen. Ueber den Irrthum des Evagrios, daß Eustochios schon etliche Jahre vor der fünften Synode Patriarch von Jerusalem gewesen sei und als solcher durch die Vertreibung der Neolauriten die indirecte Veranlassung zur Berufung der Synode gegeben habe, ist oben S. 32 bereits das Nöthige gesagt worden. — Er weicht ferner darin von Kyrillos ab, daß er schon zu Lebzeiten des Patriarchen Menas, sicher vor August 552, das ökumenische Concil ansagen läßt, während Kyrillos den Schein erweckt, daß die Berufung erst im November oder December 552 erfolgt sei. In diesem Punkte aber wird Evagrios Recht haben; seine Angabe wird vollkommen durch den Presbyter Eustratios in seiner Vita des Patriarchen Eutychios bestätigt [1]). Auch ergibt sich aus dem Schreiben des Kaisers Justinian an die Synode in Sachen des Dreicapitelstreites (5. Mai 553), daß die zur Theilnahme anwesenden Bischöfe vor dem 6. Januar 553 in Konstantinopel eingetroffen waren [2]). Vermuthlich haben die palästinensischen Mönche bei ihrer Rückkehr die Erfolge, die sie errungen hatten, über Gebühr

---

[1]) Eustratios erzählt a. a. O. Sp. 2997 f., daß der Metropolit von Amasea durch Kränklichkeit behindert, der Einladung zum ökumenischen Concil zu folgen, den Abt Eutychios mit seiner Stellvertretung beauftragt hat. Bald nach der Ankunft des letzteren in Byzanz *(οὐ μετὰ πολλὰς ἡμέρας)* stirbt der Patriarch Menas (24. August), und Justinian erhebt den Eutychios zu seinem Nachfolger. — Hiernach werden die Einladungen zum Concil um die Mitte des Jahres 552 ergangen sein.

[2]) Iustiniani Epist. ad synodum bei Mansi IX Sp. 182: Quoniam vero postea, cum pervenissetis, sicut dictum est, ad hanc regiam civitatem, scripta facta sunt ad invicem a vestra sanctitate et a Vigilio religiosissimo papa anti-

aufgebauscht und auch die Berufung der ökumenischen Synode ihrem Einflusse auf den Kaiser zu gut geschrieben, wie sie ja auch die Verurtheilung des Origenismus als den eigentlichen Zweck der Synode ausgaben (vgl. oben S. 63). — Weitere Differenzen liegen darin, daß Evagrios den vom Patriarchen Eustochios nach Konstantinopel beorderten Abt vom Kloster des Theodosios Rufus und nicht Eulogios nennt, wie er in der Vita Sabae heißt, und daß er behauptet, auch Konon sei von Eustochios gesandt worden, während dieser Abt gemäß der Vita Sabae schon vor der Erhebung des Eustochios zum Patriarchen in Byzanz eingetroffen war. Diese Ungenauigkeiten in der Erzählung des Evagrios sind aber nicht so bedeutsam, daß deswegen die Richtigkeit seines auf die Acten zurückgehenden Referates über die Verhandlungen der Synode in Zweifel gezogen werden könnte. Die Verwechselung der Namen Rufus und Eulogios kann sogar insofern die Treue seiner Mittheilungen aus den Protokollen verbürgen, als er bei diesen Mittheilungen den richtigen Namen Eulogios gebraucht. — Endlich weichen die Berichte auch darin von einander ab, daß Kyrillos erzählt, Konon und seine Gefährten haben den Libellus schon überreicht, bevor sie den Eustochios als Patriarchen von Jerusalem in Vorschlag brachten, Evagrios hingegen neben Konon auch die erst von Eustochios aus Palästina entsandten Mönche Eulogios, Kyriakos und Pankratios als diejenigen bezeichnet, die dem Kaiser den Libellus übergeben haben. Da schwerlich an zwei verschiedene Klagschriften aus jener Zeit (552/3) zu denken ist, und da Evagrios die Namen der vier Mönche höchst wahrscheinlich aus den Acten der Synode geschöpft hat, so verdient sein Bericht in diesem Punkte den Vorzug vor dem des Kyrillos. Diesen mögen seine Gewährsmänner gemäß der oben bezeichneten Tendenz ungenau unterrichtet haben.

Trotz alledem verwirft man das Zeugniß des Evagrios. Hefele sagt: „Evagrius ist hier kein Zeuge von Belang. Er verwechselt vor Allem die ältere, von Sophronius und Gelasius verfaßte Klagschrift gegen Origenes mit der spätern, welche Eulogius und Konon u. s. w. überreichten (vgl. oben S. 786 Note 1), und mußte darum nothwendig auch die Synode, welche durch erstere

---

quioris Romae, ut omnes vos uniti conveniatis etc. Dieser Briefwechsel fand am 6. und 8. Januar statt.

Klagschrift veranlaßt wurde (die σύνοδος ἐνδημοῦσα v. J. 543), in eine spätere Zeit verlegen. Darum identificirt er sie mit der fünften ökumenischen" (II² S. 791; vgl. S. 862). Die Note auf S. 786 besagt dasselbe: „Diese durch Sophronius und Gelasius abgefaßte Klagschrift gegen Origenes darf nicht mit einer fast ein Decennium jüngeren verwechselt werden, welche ebenfalls von palästinensischen Mönchen, Konon, Eulogius u. s. w. herrührte (vgl. Mansi, T. IX. p. 707). Evagrius in seiner Kirchengeschichte IV. 38 hat durch diese Verwechslung große Confusion veranlaßt." — Einen Beweis für die angebliche Verwechselung der Libelli suchen wir indeß bei Hefele und seinen Vorgängern vergeblich. Er ist auch nicht zu erbringen. Wer als feststehend voraussetzt, daß nur im Jahre 543 eine Synode gegen Origenes gehalten worden ist, daß also die von Konon und den übrigen Mönchen eingereichte Anklage keine Synode oder synodenähnliche Versammlung gegen die Origenisten im Gefolge gehabt hat, muß allerdings zu diesem Auskunftsmittel greifen und sagen, Evagrios hat die Klagschriften verwechselt und die Synode zehn Jahre zu spät angesetzt. Prüft man den Bericht des Kirchenhistorikers ohne dieses Vorurtheil, so wird man nichts darin entdecken, was die angebliche Verwirrung erkennen ließe. Auch Mansi, auf den Hefele verweist, glaubt nicht daran: „Duas tamen tempore valde dissitas historias perperam ab eo confundi arbitrati sunt. Re tamen vera quod arguatur in Evagrio nihil est, nisi hoc forte unicum, quod prioris libelli a Sophronio et Gelasio scripti non meminerit" (IX Sp. 707). Walch hat sich in den Gedanken an die bei Evagrios herrschende Confusion so sehr festgerannt, daß er sogar die Existenz des von Konon und seinen Genossen überreichten Libellus in Zweifel zieht; er meint, daß es „beinahe unverschämt gewesen sein würde", nach dem Erscheinen des Edictes Justinians, das die Irrthümer des Origenes so weitläufig behandelte, dem Kaiser aufs neue eine Klageschrift mit genauer „Entwikelung der Lehren des Origenis" zu überreichen [1]). Indessen dieser Einwurf ist unbegründet. Wie wir aus dem Briefe, den Justinian in der origenistischen Angelegenheit „an die heilige Synode" richtete, und aus den dazu gehörigen fünfzehn Anathematismen folgern dürfen, handelte es sich

---

[1]) Chr. W. Fr. Walch, Entwurf einer vollständigen Historie der Ketzereien, Spaltungen und Religionsstreitigkeiten VII S. 674.

in der Klageschrift des Eulogios und seiner Genossen vornehmlich um die Irrthümer der damaligen Origenisten in Palästina, die über Origenes hinaus bis zu einem gewissen Panchristismus fortgeschritten waren. So bezeugt auch Kyrillos von Skythopolis, daß die Mönche durch den Libellus den Kaiser über „die gesammte Gottlosigkeit der Origenisten" unterrichtet haben; und Evagrios selbst gibt an, daß der Inhalt der Denkschrift sich gegen die Dogmen des Origenes und gegen seine Anhänger gerichtet hat. Das letztere war wohl die Hauptsache.

Die Behauptung also, der Libellus des Eulogios und seiner Gefährten sei unhistorisch, oder Evagrios habe diese Klageschrift mit der älteren vom Jahre 542/43 verwechselt, entbehrt einer stichhaltigen Begründung. Darum wird es auch ohne Grund in Abrede gestellt, daß die durch die fragliche Klageschrift veranlaßten Verhandlungen gegen die Origenisten, wovon Evagrios Nachricht gibt, dem Jahre 553 angehören. Im Gegentheil, was Evagrios über die Verhandlungen meldet, entspricht besser der Situation des Jahres 553, als der des Jahres 543.

Wenn er von den Lehrdifferenzen unter den Origenisten spricht, die aus der Sammlung von Lehrsätzen, die die Synode ihrem Schreiben an Justinian beigefügt habe, zu erkennen seien, so erinnern wir uns daran, daß Differenzen erst seit dem Jahre 547 hervorgetreten sind. Wenn er einen entschieden isochristischen Ausspruch aus jener Sammlung mittheilt, so suchen wir in dem von der σύνοδος ἐνδημοῦσα im Jahre 543 angenommenen Edicte vergeblich nach einem Analogon dafür, während die Synodalverhandlungen vom Jahre 553 sich vornehmlich gegen den Irrthum der Isochristen gerichtet haben.

Es erscheint demnach ganz ungerechtfertigt, den Bericht des Evagrios für verworren zu erklären und die von ihm der fünften ökumenischen Synode zugeschriebenen Verhandlungen gegen Origenes der σύνοδος ἐνδημοῦσα unter Menas zuzuweisen.

3. Während Kyrillos die Tradition von Jerusalem, Evagrios die von Antiochien repräsentiren kann, stellt das alexandrinische Patriarchat einen nicht minder angesehenen Zeugen in der Person des Patriarchen Eulogios (580—607), der auch noch als ein Zeitgenosse des fünften Concils betrachtet werden darf. Noch schärfer als Kyrillos betont er das Verfahren des Concils gegen Origenes. Während jener das Anathem gegen Theodoros von Mopsuestia

doch noch flüchtig erwähnt, übergeht Eulogios den gegen die drei Capitel geführten Schlag ganz mit Schweigen. Vielleicht hat der eifrige Vertheidiger der chalkedonischen Beschlüsse in seinen harten Kämpfen gegen die Monophysiten, wie so manche seiner Zeitgenossen, die Verwerfung der drei Capitel bedauert und sie darum in Schweigen zu begraben gesucht. Er ist der erste, der im geraden Gegensatze zu den römischen Bischöfen und den übrigen im § 8 genannten Schriftstellern die Thätigkeit der fünften Synode auf die Erledigung des origenistischen Streites beschränkt. Viele Spätere sind ihm hierin gefolgt. Die betreffende Stelle findet sich in seinem leider nur fragmentarisch erhaltenen Λόγος περὶ τριάδος καὶ τῆς θείας οἰκονομίας τοῦ ἑνὸς τῆς τριάδος θεοῦ λόγου. Das Bruchstück ist von A. Mai aus einem codex Vaticanus edirt worden [1]). Seine Echtheit hat durch die unlängst von O. Bardenhewer veröffentlichten Excerpte aus derselben Schrift sichere Bestätigung erfahren [2]). Eulogios gibt eine kurze Uebersicht über die Hauptharesieen und die zu ihrer Verurtheilung gehaltenen Synoden und bemerkt: „Nachdem nun auch jenes Paar der Häresiarchen [Eutyches und Dioskoros] vernichtet d. h. vom Anathem getroffen worden war, vergingen ungefähr hundert Jahre, und es ward die selige fünfte Synode gehalten unter dem Kaiser Justinian gegen Origenes, Didymos und Evagrios, die Thoren, die da schwätzen, unsere Seelen existirten früher als die Leiber in den Himmeln, und die Strafe, die ewig *(αἰώνιος)* ist, habe ein Ende. Alles dieses verwarf und anathematisirte die von Gott inspirirte Synode."

§ 11.
Fortsetzung.
C. Zeugnisse des 7. Jahrhunderts.

1. Der Patriarch Sophronios von Jerusalem (634—638) erklärt in seinem berühmten Synodalbriefe vom Jahre 634, daß er neben den anderen Concilien auch das fünfte annehme, „das zwar zur Bekräftigung der hochberühmten Synode von Chalkedon ver-

---

[1]) A. Mai, Scriptorum veterum nova collectio. VII. Romae 1833. S. 177 f.

[2]) O. Bardenhewer, Ungedruckte Excerpte aus einer Schrift des Patriarchen Eulogius von Alexandrien (580—607) über Trinität und Incarnation: Theologische Quartalschrift LXXVIII (1896) S. 353—401.

sammelt worden ist, zuvörderst aber Origenes den Thoren sowie alle seine Traumphantasieen und seine mit vielgestaltiger Gottlosigkeit angefüllten Schriften vernichtet und dem Untergang überliefert hat, mit ihm aber auch die Lehren des Evagrios und des Didymos und alle ihre heidnischen und abentheuerlichen oder vielmehr mythischen Schwätzereien. Nach diesen rupft es auch den Theodoros von Mopsuestia aus *(ἐκτίλλει)* u. s. w." [1]). Wir dürfen voraussetzen, daß der Patriarch sich bei der Abfassung dieses wichtigen Schreibens bemüht hat, die geschichtliche Wahrheit treu wiederzugeben. Gab es damals in Jerusalem noch die Acten der fünften Synode, so hat er sie wohl benutzt, jedenfalls aber die Tradition seiner Kirche aufgezeichnet. Besonders bemerkenswerth ist es erstens, daß er als den eigentlichen Zweck der Versammlung die Bekräftigung der Beschlüsse von Chalkedon angibt; die Unterdrückung des Origenismus war demgemäß bei der Berufung der Synode vom Kaiser noch nicht ins Auge gefaßt worden. Das stimmt ganz zu den glaubwürdigen Nachrichten, wonach die Einladungen zur Synode schon um die Mitte des Jahres 552 ergangen sind, die origenistischen Streitigkeiten aber erst gegen Ende desselben Jahres die Aufmerksamkeit Justinians neuerdings erregt haben. Zweitens gibt Sophronios bestimmt an, daß die origenistische Angelegenheit zuerst erledigt worden ist. Drittens bezeugt er in Uebereinstimmung mit Kyrillos von Skythopolis, daß das Anathem die Lehren des Origenes, Evagrios und Didymos, aber nur die Person (und die Schriften) des erstgenannten getroffen hat.

2. Ungefähr um dieselbe Zeit (630—641) hat der wahrscheinlich in Byzanz schreibende Verfasser der Osterchronik die fünfte Synode als diejenige bezeichnet, die gegen die gottlosen, unreinen und dem Christenthum fremden hellenischen Lehren der Gottesfeinde Origenes, Didymos und Evagrios, sowie gegen die drei Capitel verhandelt hat [2]). Also auch hier erscheint die origenistische Sache als der erste Berathungsgegenstand. Daß der Anonymus die Synode in das Jahr 552, und zwar vor August 552,

---

[1]) Mansi XI Sp. 496 BC.

[2]) Chronicon Paschale ed. Migne Patrol. gr. 92, 900 B: Τούτῳ τῷ κε´ ἔτει τῆς Ἰουστινιανοῦ βασιλείας μετὰ τὴν ὑπατείαν Φλ. Βασιλείου τὸ ια´ μόνου γέγονεν ἡ ε´ σύνοδος ἐν Κωνσταντινουπόλει κατὰ τῶν δυσσεβῶν καὶ ἀκαθάρτων καὶ ἀλλοτρίων τοῦ χριστιανισμοῦ ἑλληνικῶν δογμάτων Ὠριγένους καὶ Διδύμου καὶ Εὐαγρίου τῶν θεομάχων καὶ Θεοδώρου τοῦ δυσσεβοῦς κτλ.

verlegt, kann vielleicht darauf hindeuten, daß die Berufung des Concils schon damals stattgefunden hat.

3. Der Mönch und Presbyter Georgios (um 639) schließt seine Darstellung und Widerlegung der origenistischen Irrthümer mit den Worten: „Wem aber die Verhandlungen der fünften Synode zu Konstantinopel in die Hände gerathen, kann darin, so er will, alle ihre [der Origenisten] zahlreichen und gottlosen, der menschlichen Natur und der Wahrheit widerstrebenden Doctrinen kennen lernen"[1]). Bei seiner Bestimmtheit ist dieses wahrscheinlich auf guter Sachkenntniß beruhende Zeugniß über die Concilsacten gewiß nicht zu verachten.

4. Der Vollständigkeit halber ist hier eine minder bestimmte Aussage des Mönches und Presbyters Alexander von Salamis zu erwähnen, der einige aus den „zahllosen" Blasphemieen des Origenes anführt und hinzusetzt: „Er hat die verdiente Verurtheilung seiner Verwegenheit auf einer Synode (συνοδικῶς) davongetragen"[2]). Daß der kyprische Mönch, der schwerlich vor der Mitte des 6. Jahrhunderts geschrieben hat[3]), sich mit dieser Aeußerung auf eine konstantinopolitanische σύνοδος ἐνδημοῦσα beziehen will, ist nicht anzunehmen. Er denkt sehr wahrscheinlich an das fünfte ökumenische Concil.

5. Auch im Abendlande setzte sich allmählich die Ueberzeugung von dem Vorgehen der fünften Synode gegen die Origenisten fest. Dies erhellt aus den Acten des großen Lateranconcils unter dem Papste Martin I. im Jahre 649. Wir sahen bereits oben S. 74 und 68, daß die Echtheit des Namens Origenes im elften Anathematismus der fünften Synode durch diese Acten bestätigt wird, und daß das Lateranconcil sich einer Uebersetzung der Synodalacten von 553 bedient hat, die von der dem Papste

---

[1]) Georgii Capitula de haeresibus cap. 9. In einem der nächsten Hefte der Byzantinischen Zeitschrift werde ich einige Texte von diesem noch ganz unbekannten griechischen Schriftsteller herausgeben.

[2]) Alexandri Monachi De inventione S. Crucis ed. Migne Patrol. gr. 87, 3, 4021A: Ὁ δὲ ἐκστατικὸς Ὠριγένης ἐτόλμησε λέγειν, πεπερατωμένην εἶναι τὴν τοῦ θεοῦ δύναμιν, καὶ μυρίας ἑτέρας βλασφημίας ἀπυφρίσας καὶ ὑπέρογκα καὶ δυσεξάγγελτα ἐν τοῖς συντάγμασιν αὐτοῦ ἐκληρώσας ἐπλήρωσε τὴν οἰκουμένην ἀμέτρου φλυαρίας· ἀξίαν δὲ τῆς ἑαυτοῦ τολμηρίας συνοδικῶς ἀπηνέγκατο κατάκρισιν.

[3]) Vgl. R. A. Lipsius, Apokryphe Apostelgeschichten und Apostellegenden II, 2. Braunschweig 1884. S. 301—304. Der dort behandelte Alexander ist mit dem Verfasser von De inventione S. Crucis identisch.

Pelagius II. vorliegenden und auf uns gekommenen Version verschieden war. Da nun der achtzehnte Kanon der Lateransynode unter den von der Kirche d. h. von den fünf heiligen und allgemeinen Synoden verdammten Häretikern auch Origenes, Didymos und Evagrios nennt[1]), so liegt die Vermuthung nahe, daß das diesem Concil zur Verfügung stehende Exemplar der Acten vollständiger war und auch Verhandlungen gegen Origenes und seine Anhänger enthielt. Jedoch das Verzeichniß der Häretiker im Kanon 18 ist auch in anderer Hinsicht nicht einwandfrei, so daß hierauf kein allzu großes Gewicht gelegt werden darf. Nur soviel ist gewiß, daß der Kanon 11 der fünften Synode, der von Didymos und Evagrios nichts sagt, zur Erklärung dieser Angabe des Lateranense nicht ausreicht; sie ist uns ein sicheres Zeugniß für die große Verbreitung der Annahme, daß die fünfte Synode sich näher mit den Origenisten beschäftigt hat. Dieselbe Annahme brachte auf der Synode im Lateran auch der Bischof Maximus von Aquileja in einer Rede, ohne Widerspruch zu finden, zum Ausdruck: „Contra Theodorum autem et Origenem in sancta quinta synodo accusator quidem nullus, sed tantummodo eorum conscripta ad accusationem ipsorum et reprehensionem suffecisse noscuntur"[2]).

6. Auf der sechsten allgemeinen Synode zu Konstantinopel (680—681) gelangte nicht nur das vorhin besprochene Synodalschreiben des Patriarchen Sophronios unter allgemeinem Beifall zur Verlesung, sondern es wurde auch in dem in der achtzehnten Sitzung erlassenen Glaubensdecrete erklärt: „Unsere heilige und ökumenische Synode hat ... den fünf heiligen und ökumenischen Synoden in allem dem frommen Glauben gemäß zugestimmt, nämlich: ... außer diesen auch der letzten von ihnen, der fünften heiligen Synode, die hier gegen Theodoros von Mopsuestia, Origenes, Didymos und Evagrios und gegen die Schriften Theodorets wider die zwölf Capitel des berühmten Kyrillos sowie gegen den Brief, den Ibas an den Perser Maris geschrieben haben soll, versammelt worden ist"[3]). Das sechste Concil setzt voraus, daß nicht nur die Person des Origenes, sondern auch die des Didymos und Evagrios von der fünften ökumenischen Synode verurtheilt worden sind. — Ebenso drückt sich der Kaiser Konstantinos II. in seinem zur Be-

---

[1]) Mansi X Sp. 1157 B.
[2]) Mansi X Sp. 887 D.
[3]) Mansi XI Sp. 632 E.

stätigung des sechsten Concils erlassenen Edicte aus; nur fehlt, gewiß in Folge eines Versehens des Schreibers, der Name des Theodoros ¹).

7. Die schwerlich auf neuem Studium der Acten beruhende, sondern sich an das Glaubensdecret des sechsten Concils anlehnende Aeußerung der Trullanischen Synode (692) lautet: Die 165 Väter haben „das Anathem und ihren vollen Abscheu ausgesprochen über Theodoros von Mopsuestia, den Lehrer des Nestorios, über Origenes, Didymos und Evagrios, die die Mythen der Hellenen aufgefrischt und uns in den Wahn- und Traumvorstellungen ihres Geistes Wanderungen und Umgestaltungen gewisser Leiber und Seelen wiedergekäut und gegen die Auferweckung der Todten gottlose Schmähungen erhoben haben; sodann über die Schriften Theodorets gegen den wahren Glauben und gegen die zwölf Capitel des seligen Kyrillos und über den Brief, der dem Ibas zugeschrieben wird" ²).

8. Ausführlicher verbreitet sich der dem Anastasios Sinaites zugeschriebene Tractat De haeresibus et synodis ³) über die Thätigkeit der fünften Synode. Die Abhandlung gehört jedenfalls dem Verfasser des Ὁδηγός an. Der Hinweis auf bereits verfaßte (S. 265, 11) oder erst geplante (S. 263, 8. 22) Schriften ⁴), die Erwähnung häufiger Disputationen mit Andersgläubigen (S. 263, 12) ⁵), die Klage über das Unterschieben ganzer Bücher oder einzelner χρήσεις unter dem Namen berühmter Väter seitens der Severianer und Jakobiten (S. 263, 3—23) ⁶) sind echt anastasianisch. Nicht minder paßt die Entschuldigung, die er für die Unvollkommenheit seiner Darstellung vorbringt, nämlich seine andauernde Kränklichkeit (S. 257, 8) ⁷), ganz auf den Sinaiten. Vor allem aber kehrt die für den Verfasser des Ὁδηγός charakteristische

---

¹) Mansi XI Sp. 709 BC; vgl. auch das Bekenntniß des Monotheleten Makarios von Antiochien a. a. O Sp. 357 A.

²) Conc. Quinisexti can. 1 bei Mansi XI Sp. 937 C. Neue Ausgabe bei J. B. Pitra, Iuris ecclesiastici Graecorum historia et monumenta II. Romae 1868. S. 19 f.

³) Ed. J. B. Pitra a. a. O. S 257—271.

⁴) Vgl. Anastasii Hodegi Prooemium ed. Migne Patrol. gr. 89, 36 B; cap. 8 Sp. 124 C, cap. 10 Sp. 180 ff.

⁵) Hodegus cap. 10 Sp. 149—153 berichtet über vier Disputationen dieser Art.

⁶) Hodegus cap 10 Sp. 149 A. 184 D.

⁷) Hodegi Prooemium Sp. 36 A.

Bevorzugung der Syllogismen und der ἀποδείξεις πραγματικαί vor dem Schrift- und Traditionsbeweise bei Disputationen mit Häretikern[1]) in dieser Abhandlung (S. 263, 8) wieder. — Da am Schlusse die Trullanische Synode (692) erwähnt, Justinian II. aber als der regierende Fürst bezeichnet wird, und zwar offenbar in seiner ersten Regierungsperiode (685—695), so ist der Tractat zwischen 692 und 695 verfaßt worden.

Nachdem Anastasios die Häresie der Gajaner und Severianer besprochen hat, wendet er sich zu der fünften Synode. „Auch das muß man wissen, daß auch verschiedene andere örtliche Synoden (τοπικαί) zu verschiedenen Zeiten und Orten über verschiedene kirchliche Fragen und Angelegenheiten gegen verschiedene Häresieen gehalten worden sind. So ist nämlich auch die heilige fünfte Synode unter Justinian göttlichen Andenkens, dem vormaligen (τοῦ πάλαι), zusammengerufen worden gegen die Thoren Origenes, Didymos und Evagrios, die über die Präexistenz der Seelen und das Aufhören der Strafen (ἀποκατάστασιν τῆς κολάσεως!) Wunderdinge erzählen oder vielmehr Schandreden führen. Daß weder der Leib vor der Seele noch auch die Seele vor dem Leibe sei, lehrt die heilige Synode, und daß die ewige (αἰώνιος) Strafe kein Ende habe. Denn das Wort ewig (αἰώνιον), sagte sie, braucht der Herr in beiden Aussprüchen, da er die Gerechten zum ewigen Leben ruft, die Sünder aber in die ewige Strafe hinausstößt. — Nach den vier Synoden also ward die fünfte heilige Synode unter Justinian frommen Andenkens berufen. Ihre Leiter waren Eutychios von Konstantinopel, Apolinarios von Alexandrien, Domninos von Antiochien, Eustochios von Jerusalem. Letzterer war jedoch nicht selber anwesend; denn da er nach der Absetzung des Makarios durch der Gläubigen Wahl auf den Thron erhoben worden war (πίστει εἰς τὸν θρόνον προχειρισθείς), hatte er sich in die heilige Stadt begeben und Stellvertreter beauftragt, die seine Stelle ausfüllten. Der heiligste Papst von Rom, Vigilius, war auf der Synode nicht zugegen und hatte auf derselben auch keine Stellvertreter; aber zu allem, was auf ihr verhandelt wurde, gab er seine Zustimmung (συνέθετο). Um zweier Ursachen willen ward diese Synode gehalten. Zunächst wegen des Origenes, der auch Adamantios heißt. Man brachte Aussprüche (κεφάλαια) vor, die von

---

[1]) Hodegus cap. 1 Sp. 40 CD.

Origenes selbst, von Evagrios und Didymos herrührten, und anathematisirte sowohl die Aussprüche als auch den Origenes. Daß dies aber dem heiligsten Papste von Rom, Vigilius, gefiel, bekundet sein Brief, den er an den Kaiser Justinian geschrieben hat, der auch auf der Synode zur Kenntniß gebracht und in den auf ihr verhandelten Denkschriften niedergelegt worden ist *(καὶ ἔγκειται ἐν τοῖς πραχθεῖσι παρ' αὐτῇ ὑπομνήμασι).* Nach der Synode aber wurden auch Didymos und Evagrios mit dem Anathem belegt" (S. 263 f.).

An diesen Bericht schließt sich die Darlegung der zweiten Angelegenheit, die zu der fünften Synode geführt hat, des Dreicapitelstreites, an. Ueber die Zusammengehörigkeit der beiden letzten Stücke kann kein Zweifel entstehen. Hingegen muß die doppelte Berichterstattung über die Verurtheilung des Origenismus befremden, und ich vermag die erste Mittheilung darüber mit dem Satze über die örtlichen Synoden nur als spätere Zuthat anzusehen. Fehlt dieselbe, so fügt sich der Satz: „Nach den vier Synoden also ward die fünfte berufen" ganz ungezwungen an den vorausgegangenen Bericht über die verschiedenen monophysitischen Sekten an. Anastasios war dabei auch schon auf die Monotheleten zu sprechen gekommen, hatte sich dann aber mit den Worten: *Περὶ τούτου ἐν ὑστέρῳ ἐροῦμεν, πόθεν τε καὶ ὑπὸ τίνος ἐκινήθη καὶ τὸ τοιοῦτον ζιζάνιον,* selbst unterbrochen, offenbar um zuvor die Geschichte der fünften Synode zu bringen. Die von mir als Interpolation bezeichnete Stelle erweist sich also im Zusammenhange als ganz überflüssig. Zudem leidet sie an Verworrenheit. Der Autor spricht von den zahlreichen Localsynoden, von denen man Kenntniß haben müsse, so daß man erwartet, nunmehr von Synoden dieser Art näheres zu erfahren. Wirklich wird der folgende Satz eingeleitet: *Οὕτω γὰρ συνεκροτήθη.* Aber statt der örtlich beschränkten wird uns eine ökumenische Synode vorgeführt. Das Ganze macht mit der Einleitungsformel *Κἀκεῖνο δὲ ἀναγκαῖον εἰδέναι* vollständig den Eindruck eines Einschiebsels, das vielleicht zunächst als *σχόλιον* am Rand gestanden hat und dann in den Text eingerückt ist. Endlich deutet die zweifache nähere Bestimmung bei der Nennung Justinians I. *τοῦ τῆς θείας λήξεως* und *τοῦ πάλαι* wohl darauf hin, daß bei der Abfassung dieses Scholion auch Justinian II. (685—695 und 705—711) nicht mehr zu den Lebenden zählte.

Der Werth der Aufzeichnungen des Anastasios Sinaites springt in die Augen, zumal da seine Notiz über den Brief des Papstes Vigilius an den Kaiser verbürgt, daß er die Acten der fünften Synode gekannt hat. 1. Der origenistische Streit erscheint auch bei ihm als der zuerst zur Erledigung gelangte. 2. Er versichert ähnlich wie der Kirchenhistoriker Evagrios, daß man aus den Schriften des Origenes, Evagrios und Didymos κεφάλαια zusammengestellt hatte, die vorgelesen und mit dem Anathem belegt wurden. 3. Er bestätigt die Behauptung des Kyrillos von Skythopolis und des Patriarchen Sophronios, daß zwar die Irrthümer der drei genannten Männer, aber nur die Person des Origenes vom Concil verdammt worden ist. Didymos und Evagrios wurden nachträglich — von wem? — anathematisirt. 4. Was endlich den Brief des Papstes an den Kaiser betrifft, so berichtet Evagrios nach dem Texte des Valesius zwar umgekehrt von einem Briefe des Kaisers an den Papst *(πρὸς Βιγίλιον)* über die origenistische Angelegenheit; allein die gleichfalls handschriftlich bezeugte Lesart πρὸς Βιγιλίου (vgl. oben S. 100 Anm. 3) steht mit den Worten des Anastasios in vollem Einklang und darf demgemäß vielleicht als die richtige betrachtet werden. Da Vigilius in der fraglichen Zeit in Konstantinopel war und sicher kein Bedenken getragen hat, die Irrthümer der Origenisten zu verurtheilen, so konnte ein Antwortschreiben von ihm schon eingelaufen sein. Gegen die Glaubwürdigkeit der Nachricht über den Brief des Papstes ist also nichts einzuwenden. 5. Eben diese Nachricht schließt die Möglichkeit aus, an eine Verwechslung mit der σύνοδος ἐνδημοῦσα von 543 zu denken; denn diese trat alsbald nach dem Erscheinen des kaiserlichen Edictes gegen Origenes zusammen, so daß eine Meinungsäußerung des Papstes Vigilius, der damals in Rom weilte, noch nicht vorliegen konnte.

Die später eingeschaltete Stelle gibt ebenso wie die oben S. 107 erwähnte Aeußerung des Patriarchen Eulogios, mit der sie sich enge verwandt zeigt, nur die Verhandlungen gegen Origenes, Didymos und Evagrios als die Aufgabe der fünften Synode an. Sie erweckt den Schein, als ob sie einen Satz aus den Concilsacten wörtlich citire — ob mit Recht, können wir nicht beurtheilen.

Auf eine andere Aeußerung des Sinaiten in dem Ὁδηγός cap. 5, wonach das Anathem der fünften Synode außer Origenes,

Didymos und Evagrios auch Severos getroffen hat, werden wir noch im § 13 eingehen.

9. Ueber das in der Formel des Papsteides, die seit dem Anfange des 8. Jahrhunderts in Gebrauch war, enthaltene Zeugniß wird gleichfalls im § 13 im Zusammenhange mit einigen verwandten Nachrichten die Rede sein.

§ 12.
Fortsetzung.
D. Nachrichten aus dem 8. und den folgenden Jahrhunderten.

Von diesen späteren Nachrichten bedürfen nur diejenigen einer näheren Untersuchung, die durch ihre Selbstständigkeit und durch genaue Angaben besonderen Werth zu besitzen scheinen.

1. Der Patriarch Germanos von Konstantinopel sagt in seinem Buche De haeresibus et synodis, das er bald nach seiner Absetzung (18. Januar 730) verfaßt hat, die fünfte allgemeine Synode habe die Synode von Chalkedon bestätigt und über die zwölf Capitel Theodorets gegen Kyrillos, den Brief des Ibas, „die hellenischen Schriften des Origenes" und über Theodor von Mopsuestia das Anathem verhängt [1]).

2. Johannes von Damaskos († um 750) läßt an einer Stelle das Anathem der fünften Synode sich auf Origenes, Diodor, Theodor und den Ibasbrief erstrecken, während er anderswo nur Origenes nennt [2]).

3. Ohne allen selbstständigen Werth ist die kurze Geschichte der fünften Synode in dem anonymen Schriftchen über die sechs ökumenischen Synoden [3]). Die Angaben sind in allem Wesentlichen nahezu wörtlich aus der Epistola synodica des Patriarchen Sophronios geschöpft.

4. In einem kurz vor der siebenten allgemeinen Synode (787) geschriebenen Briefe des Patriarchen Tarasios von Konstantinopel an den Klerus von Antiochien, Alexandrien und Jerusalem erscheinen nur Origenes, Didymos und Evagrios als die auf dem fünften Concil „vom Schwerte des Geistes siegreich überwundenen" [4]).

---

[1]) Germani De haer. et synodis n. 34 ed. Migne Patrol. gr. 98, 72 BC.

[2]) Johannis Damasc. Expositio fidei n. 12 ed. Migne Patrol. gr. 95, 435 B; Libellus de recta sententia n. 7 Migne 94, 1432 B.

[3]) Der betreffende Abschnitt steht bei Mansi IX Sp. 657 C—E.

[4]) Tarasii Epist. 5 ed. Migne Patrol. gr. 98, 1464 D: $Τῆς\ δὲ\ πέμπτης$, ὡς ἡ τοῦ πνεύματος μάχαιρα τὰς ἐξ ἄνωθεν τῶν χρόνων ἐπιπολαζούσας ἀθέσμους

5. Die siebente Synode zu Nikaia, deren Geschäftsleitung hauptsächlich in den Händen des Tarasios lag, hat nicht nur seinen eben genannten Brief verlesen lassen und beifällig aufgenommen, sondern auch in der siebenten Sitzung ausdrücklich das Anathem der fünften Synode über „die Fabeln des Origenes, Evagrios und Didymos" wiederholt ¹). Die Verurtheilung der drei Capitel bleibt unerwähnt. Bemerkenswerth ist es auch, daß die Erzählung des Kyrillos von Skythopolis über das fünfte allgemeine Concil, ohne Widerspruch zu erfahren, zu Nikaia vorgelesen und den Acten einverleibt wurde ²).

6. Der Nachfolger des Tarasios, Nikephoros von Konstantinopel (806—815), bekennt sich in seinem Briefe an den Papst Leo III. zur Annahme der fünften Synode, die die gottlosen Dogmen des Theodoros und Nestorios, außerdem auch die des Origenes, Didymos und Evagrios und ihrer ketzerischen Anhänger ausgerottet habe ³).

7. Recht dürftig ist der Bericht des Chronographen Theophanes (um 812): Die fünfte ökumenische Synode war gegen Origenes, Didymos und Evagrios und ihr hellenisirendes Geschwätz, und sodann gegen die Capitel gerichtet. Vigilius von Rom nahm an den Sitzungen nicht Theil ⁴).

αἱρέσεις ἐξέτεμε καὶ τοὺς ἐφευρετὰς αὐτῶν ἐθριάμβευσεν, Ὠριγένην Δίδυμόν τε καὶ Εὐάγριον, κἀγώ ἐξωθοῦμαι ὡς αἱρετικῶν τερετισμάτων [ἀλλ. τερατευμάτων] μυθεύματα.

¹) Mansi XIII Sp. 377A: Μεθ᾿ ὧν καὶ τὰ Ὠριγένους, Εὐαγρίου τε καὶ Διδύμου μυθεύματα ἀναθεματίζομεν, ὡς καὶ ἡ ἐν Κωνσταντινουπόλει συγκροτηθεῖσα πέμπτη σύνοδος.

²) Mansi XII Sp. 1038E—1039B.

³) Nicephori Epist. ad Leonem P. M. III. ed. Migne Patrol. gr. 100, 192D: Ἔτι μὴν καὶ τὴν αὖθις κατὰ ταύτην τὴν θεοφρούρητον πόλιν συγκροτηθεῖσαν ἁγίαν πέμπτην σύνοδον τῶν ρξέ ἁγίων πατέρων ἡμῶν, ἥτις τὰ Θεοδώρου καὶ Νεστορίου, πρὸς δὲ καὶ Ὠριγένους Διδύμου τε καὶ Εὐαγρίου καὶ τῶν ἀμφ᾿ αὐτοὺς κακοδόξων ἀσεβῆ δόγματα, τέως μὲν παρὰ τοῖς πολλοῖς κρυπτόμενα, τηνικαῦτα δὲ πικρῶς ἀναφυέντα καὶ ἀναβλαστήσαντα ἐξέτεμε· δι᾿ ὧν γὰρ αὐτοὶ ἐληρῴδουν μυθολογημάτων, ἰουδαϊκῇ τε καὶ ἑλληνικῇ μᾶλλον, ἢ χριστιανικῇ δόξῃ ἐπηκολούθησαν.

⁴) Theophanis Chronographia ed. de Boor I S. 228 f.: A. C. 6045: Κωνσταντινουπόλεως ἐπισκόπου Εὐτυχίου ἔτος α΄. Τούτῳ τῷ ἔτει γέγονεν ἡ ἁγία καὶ οἰκουμενικὴ πέμπτη σύνοδος κατὰ Ὠριγένους τοῦ παράφρονος καὶ Διδύμου τοῦ ἀπὸ ὀμμάτων καὶ Εὐαγρίου καὶ τῆς ἑλληνόφρονος αὐτῶν ληρῳδίας, καὶ αὖθις κατὰ τῶν [ἀκεφάλων] κεφαλαίων. Βιγίλιος δὲ ὁ Ῥώμης τοῖς συνελθοῦσιν οὐ συνήδρευσεν.

8. Um so besser scheint der Chronist Georgios Monachos unterrichtet zu sein¹). „Die fünfte Synode der 165 Väter fand im 26. Jahre der Herrschaft des großen Justinian, unter Vigilius, dem heiligsten Papste von Rom, der durch einen Libellus den rechten Glauben bekräftigte, statt. Ihre Vorsitzenden waren Eutychios von Konstantinopel, Apolinarios von Alexandrien, Domnos [lies: Domninos] von Antiochien, (Stephanos, Bischof von Raphia, Georgios, Bischof von Tiberias), Stellvertreter des Eutychios [lies: Eustochios] von Jerusalem. Die Synode war gegen Origenes und die Anhänger seiner gottlosen Lehren, Didymos und Evagrios, die vor alters geblüht haben, und gegen die in ihren Schriften vorgebrachten Lehrsätze gerichtet. Sie schwätzten nämlich, die Seelen existirten vor den Leibern, und von hellenischen Lehren ausgehend behaupteten sie die Seelenwanderung ($μετεμψύχωσιν$). Auch habe die Strafe ein Ende und in der Auferstehung stehen unsere Leiber nicht als dieselben wieder auf ($μὴ ἀνίστασθαι τὰ αὐτά$). Sie lehren die Wiederherstellung der Dämonen in ihren ursprünglichen Zustand, fassen das Paradies allegorisch auf, da ein sinnlich wahrnehmbares Paradies weder von Gott erschaffen sei noch jetzt existire, noch auch Adam im Fleische gebildet worden sei. Diese Dogmen waren eine Zeitlang zumeist verborgen; als sie aber starke Verbreitung gewannen und der Kirche großes Verderben bereiteten, da wurden sie an den Pranger gestellt und verdammt. Außerdem traf das Anathem auch Theodoros von Mopsuestia u. s. w. (die drei Capitel)"²).

Sodann theilt Georgios Monachos die beiden Briefe des Kaisers Justinian mit, worin er die Synode auffordert, über die beiden genannten Angelegenheiten zu berathen. Das Schreiben, welches die origenistische Frage betrifft, wird an erster Stelle aufgeführt mit den Worten: „Das Schreiben des Kaisers an die Synode lautet folgendermaßen." Wir haben es oben S. 83 ff. bereits genau untersucht und gesehen, daß es nicht nur wegen des Zeugnisses dieses Chronisten, sondern auch wegen seines gesammten Inhaltes der Zeit der fünften allgemeinen Synode zuzuschreiben ist. Ueber den Ausgang der Berathungen über den Origenismus fügt Georgios

---

¹) Georgii Monachi Chronicon lib. IV, 218 ed. Migne Patrol. gr. 110, 780 A—792 C. Seine Ausführungen kehren wörtlich bei Georgios Kedrenos (Historiarum compendium ed. Migne 121, 720 B—732 A) wieder.

²) A. a. O. Sp. 780 AB.

noch die Nachricht bei: „Als die Synode dies gehört und alles geprüft hatte, riefen die heiligen Väter: Wir anathematisiren alles dieses und alle, die derartiges denken oder denken werden bis ans Ende"; und fährt fort: „Desgleichen sagte aber der kaiserliche Erlaß *(τύπος)* auch über Theodoros von Mopsuestia und die Uebrigen" [1]). Das dann folgende Schreiben an die Synode stimmt in seinem ersten Theile genau mit dem in der ersten Sitzung des fünften Concils vorgelesenen Edicte überein [2]). Gegen Ende aber ist es bedeutend verkürzt. „Als auch hierüber die heiligen Väter gleichfalls lange Verhandlungen geführt hatten, entschieden sie: Die göttliche Synode in Chalkedon u. s. w." [3]). Die Sentenz ist wörtlich dem Beschlusse der fünften Synode gegen die drei Capitel entnommen. Die Annahme ist also berechtigt, daß Georgios auch die beiden Briefe an die Synode in den Acten des fünften Concils vorgefunden hat.

9. Der Papst Nikolaus I. schreibt im Jahre 866 an den Kaiser Michael: „Quinta praeterea synodus etiam iam mortuos Origenem atque Theodorum per eorum damnanda scripta non recte sapuisse respectos anathemate percutit" [4]).

10. In einem derselben Zeit angehörenden „Libellus synodicus", der wegen seiner Zuverlässigkeit geschätzt wird, heißt es u. a. von der fünften Synode: „Diese göttliche und heilige Synode hat die origenistischen Dogmen, die Schriften des Theodoros von Mopsuestia und die des Theodoretos und des Ibas gegen den seligen Kyrillos von Alexandrien dem verdienten Anathem unterworfen" [5]).

11. Da von dem Patriarchen Photios, der an drei Stellen von der Verurtheilung des Origenes durch die fünfte Synode berichtet, im § 13 die Rede sein wird, ebenso von der achten allgemeinen Synode, so sei unter Umgehung aller übrigen jüngeren Zeugnisse nur noch auf das des Kirchenhistorikers Nikephoros Kallistos im Anfange des 14. Jahrhunderts hingewiesen [6]). Er

---

[1]) A. a. O. Sp. 784B.
[2]) Mansi IX Sp. 178—184.
[3]) A. a. O. Sp. 792A.
[4]) Nicolai Papae I. Epist. 98 ed. Migne Patrol. lat. 119, 1038A.
[5]) Mansi IX Sp. 653E.
[6]) Nicephori Call. Historia ecclesiastica lib. XVII, 27 ed. Migne Patrol. gr. 147, 284B—292A.

überrascht uns durch die neue Nachricht, daß die Verhandlungen über die origenistischen Lehren ἐν δευτέρᾳ συνελεύσει stattgefunden haben ¹). Man hat diese Worte auf die zweite unter den acht Sitzungen, von denen die Acten uns Kunde geben, beziehen wollen; jedenfalls mit Unrecht, da man vor der Beendigung der begonnenen Berathungen über die drei Capitel gewiß keinen neuen Gegenstand in Angriff genommen hat. Es ist darum an eine zweite Tagung der Synode, die ihre erste Aufgabe erledigt hatte, zu denken. Aber da Nikephoros den Bericht des Evagrios wörtlich nachschreibt und nur die genannten Worte einschaltet, so dürfen wir in Zweifel ziehen, ob er in anderen Quellen dafür den nöthigen Anhalt gehabt und nicht vielmehr die Worte aus Eigenem, nach bloßer Vermuthung, beigefügt hat.

Nachdem der Historiker die Actenauszüge des Evagrios vollständig mitgetheilt hat, fügt er noch weitere neue Angaben hinzu. Die Väter hätten an die Lästerungen der Origenisten Didymos, Evagrios und Theodoros, die sie der Reihe nach verdammt hätten, diejenigen Capitel angeschlossen, die die Anhänger des Origenes aus seinen Schriften gelernt hätten. Mehrere dieser Lehrsätze theilt Nikephoros mit ²). Sie sind sämmtlich und zwar fast wörtlich in dem Edicte Justinians gegen Origenes nachzuweisen. Endlich fügt er hinzu: „Uebrigens wird der Mann aus den Anathematismen, die die Synode gegen ihn gerufen hat, erkannt werden; sie lauten wörtlich so." Die neun Anathematismen, die er dann folgen läßt ³), sind eben dieselben, die den Schluß des kaiserlichen Edictes bilden.

Da somit die Ergänzungen, die Nikephoros zu dem Berichte des Evagrios bietet, aus dem Edicte Justinians stammen, so hat er oder sein Gewährsmann das Edict vermuthlich in den Acten der fünften Synode gefunden. Zur Bestätigung verweise ich auf eine Notiz bei Harduin, der dem etwa der Mitte des 16. Jahrhunderts angehörenden „Reg. cod. ms. 2935" ein Citat ἐκ τοῦ δ' βιβλίου τῶν πρακτικῶν τῆς ἁγίας πέμπτης συνόδου· ἐκ τοῦ λόγου τοῦ εὐσεβεστάτου ἡμῶν βασιλέως Ἰουστινιανοῦ πρὸς Μηνᾶν τὸν μακαριώτατον ἀρχιεπίσκοπον εὐδαίμονος πόλεως entnommen hat ⁴).

---

¹) A. a. O. Sp. 288 A.
²) A. a. O. Sp. 288 C—289 A.
³) A. a. O. Sp. 289 B—292 A.
⁴) Mansi IX Sp. 489 Anm. 1.

Das Citat enthält, wie Harduin bemerkt, Excerpte aus dem Edicte gegen Origenes. Vorher geht eine kurze Orientirung über das Concil: „Die heilige und ökumenische fünfte Synode wurde unter dem Kaiser Justinian gehalten; sie anathematisirte Origenes und seine gottlosen Schriften und die abentheuerlichen Lehren des Evagrios und Didymos, der Gesinnungsgenossen des Origenes." — Daß hier von vier Büchern der Synodalacten die Rede ist, während das von der sechsten allgemeinen Synode gebrauchte Exemplar nur zwei Bücher umfaßt zu haben scheint, darf nicht in Erstaunen setzen, da die Eintheilung der Acten in Bücher wie auch der Umfang der Acten verschieden gewesen ist. So waren die Acten der Synode von Chalkedon in der dem sechsten Concil vorliegenden Ausgabe bestimmt in zwei Bücher (τὸ πρῶτον — τὸ ἕτερον) eingetheilt [1]), während die dem Photios zu Gebote stehende Abschrift διάφορα βιβλία umfaßte [2]). In ähnlicher Weise können die Acten der fünften Synode bald in zwei, bald in mehrere Bücher zerlegt worden sein.

Recht nahe liegt allerdings ein anderer Gedanke, daß nämlich die Verhandlungen der σύνοδος ἐνδημοῦσα, zu denen das Edict Justinians gegen Origenes im Januar 543 den Anlaß gab, und denen ohne Zweifel dieses Edict einverleibt worden war, in Folge eines Irrthums mit den Acten der fünften Synode verbunden worden sind. Unter diesem Gesichtspuncte sind die genannten Stellen im folgenden § zu prüfen.

§ 13.
Das thatsächliche Vorkommen einer Verwechselung der Synoden von 543 und 553 bei alten Schriftstellern.

Die zahlreichen Nachrichten über die Verurtheilung des Origenes und seiner Anhänger durch die Bischöfe des fünften Concils lassen, wie mir scheint, wenigstens in ihrer Gesammtheit keinen begründeten Zweifel an der Geschichtlichkeit dieser Verurtheilung mehr zu. Mehrere dieser Zeugnisse bringen auch derartige Detailangaben, daß der Gedanke an eine Verwechselung der ökumenischen Synode mit der σύνοδος ἐνδημοῦσα vom Januar 543 ausgeschlossen wird. Nichtsdestoweniger will ich es nicht unterlassen,

---

[1]) **Mansi XI** Sp. 220 D. 221 B.
[2]) Photii Bibliotheca cod. 17 ed. **Migne Patrol. gr.** 103, 56 C.

die häufig ausgesprochene Vermuthung, die eigenthümliche Art der handschriftlichen Ueberlieferung der Concilsacten habe den Anlaß zu der Verwechselung geboten, zu untersuchen. Die Vermuthung kann durch folgende alte Nachrichten gestützt werden.

1. Nach Ausweis des Liber diurnus bekannten sich die römischen Bischöfe seit dem Anfange des 8. Jahrhunderts bei ihrer Thronbesteigung zu der Auffassung, daß das fünfte allgemeine Concil nicht nur Origenes mit seinen gottlosen Schülern und Nachfolgern Didymos und Evagrios, sowie Theodor von Mopsuestia, Diodor und alle Seminestorianer verdammt, sondern auch über Severos, Petros und Zooras und ihre Sippe das Urtheil der ewigen Verdammung gesprochen habe [1]). — Ganz ohne Zweifel liegt hier ein Irrthum vor, da die Verurtheilung der zuletzt genannten Monophysiten schon auf der Synode zu Konstantinopel im Jahre 536 stattgefunden hatte. Sollte nicht auch die Angabe über die Anathematisirung der Origenisten auf einem ähnlichen Irrthum beruhen?

2. Eine verwandte Nachricht bringt Anastasios Sinaites in seinem Hodegos. Die fünfte Synode sei gegen Origenes, Didymos und Evagrios gerichtet gewesen, habe aber auch Severos und seine Anschauungen „und jeden, der die Präexistenz unserer Seelen vor den Leibern behauptet", verdammt [2]).

3. Das achte allgemeine Concil erklärt, in Uebereinstimmung mit der fünften ökumenischen Synode über Severos, Petros und

---

[1]) Liber diurnus Romanorum Pontificum ed. Th. Sickel (Vindobonae 1889) Formula 84 S. 98 f.

[2]) Anastasii Sinaitae Hodegus cap. 5 ed. Migne Patrol. gr. 89, 101 B: Μετὰ χρόνους ρ' τῆς ἐν Χαλκηδόνι συνόδου γέγονεν ἐπὶ Ἰουστινιανοῦ τοῦ βασιλέως ἡ πέμπτη οἰκουμενικὴ σύνοδος κατὰ Ὠριγένους καὶ Διδύμου καὶ Εὐαγρίου τῶν ματαιοφρόνων λεγόντων, τὰς ἡμετέρας ψυχὰς μετὰ τῶν δαιμόνων ἐξ οὐρανοῦ καταπεσεῖν εἰς τὰ σώματα ἡμῶν, καὶ ὅτι τέλος ἔχει ἡ κόλασις καὶ ἀποκαθίσταται δι' αὐτῆς πάλιν ὁ διάβολος εἰς τὴν ἀρχαίαν αὐτοῦ τάξιν τὴν ἀγγελικήν. κατέκρινε δὲ ἡ αὐτὴ ἁγία σύνοδος καὶ Σευῆρον καὶ τὸ φρόνημα αὐτοῦ καὶ πάντα τὸν λέγοντα, προϋπάρχειν τὰς ψυχὰς ἡμῶν πρὸ τῶν σωμάτων. εἰδέναι μέντοιγε χρή, ὅτι γεγόνασι καὶ ἄλλαι πλεῖσται σύνοδοι τοπικαὶ ἐν διαφόροις χώραις χάριν διαφόρων ἐκκλησιαστικῶν κεφαλαίων. Im codex Vindobonensis theol. 40 (Lambeck 77) Bl. 149ᵛ fehlt der Schluß von εἰδέναι an. Möglicherweise gehört auch der merkwürdige Satz über Severos nicht zur ursprünglichen Fassung. Die Composition des Hodegos bedarf noch einer gründlichen, auf die Handschriften zurückgehenden Untersuchung.

den Syrer Zooras, über Origenes und Theodoros von Mopsuestia, Didymos und Evagrios das Anathem zu verhängen [1]).

4. Ausführlich verbreitet sich der Patriarch Photios darüber im Jahre 865 in seinem Briefe an den neubekehrten Bulgarenfürsten Boris I. Michael. Darnach traf die fünfte Synode mit ihrem Banne Nestorios, Theodor von Mopsuestia und Diodor von Tarsos, außerdem *(ἔτι δὲ κατεδίκασαν καὶ ἀνεθεμάτισαν Ὠριγένην κτλ.)* Origenes, Didymos und Evagrios. Nicht lange vor diesen *(ἀλλὰ καὶ πρό γε τούτων οὐ πολλῷ ἔμπροσθεν χρόνῳ)* anathematisirte „dieser heilige Chor der Väter" Anthimos von Trapezunt, Severos, Petros von Apamea und Zooras [2]).

Ueber die Entstehung dieser auffallenden Meinung gibt eine andere Aeußerung des Photios Aufschluß. In seiner (vor 858 verfaßten) Βιβλιοθήκη beschreibt er den Inhalt einer Handschrift, worin er die Acten der fünften Synode fand: „Es wurde daselbst über die sogenannten drei Capitel verhandelt, nämlich über Origenes (und das Anathem traf ihn und seine Schriften), über Diodor von Tarsos und Theodor von Mopsuestia, und auch sie wurden ebenso gebannt. Es wurden auch die zwölf Capitel Theodorets gegen Kyrillos anathematisirt. Vor dieser Synode *(πρὸ ταύτης)* aber sind auch über Zooras und Anthimos von Trapezunt, der den Stuhl von Konstantinopel bestiegen hatte, und einige Andere Verhandlungen geführt worden, die gleichfalls hierin enthalten sind *(αἳ ταύτῃ συμπεριέχονται)*" [3]). Dieser Abschnitt gehört leider zu denjenigen des monumentalen Werkes, bei deren Abfassung Photios den betreffenden Codex offenbar nicht mehr zur Hand hatte, sondern lediglich aus dem Gedächtnisse kurz und flüchtig einiges niederschrieb. Aber das geht mit Bestimmtheit aus seinen Worten hervor, daß sämmtliche kurz erwähnte Verhandlungen in einem und demselben Codex gestanden haben.

---

[1]) Actio X ed. Mansi XVI Sp. 180DE: Quin et duas naturas in uno Christo secundum manifestiorem expositionem sanctae quintae et universalis synodi praedicantes anathematizamus Severum et Petrum et Zooram Syrum, Origenem etiam, qui vana sapuit, et Theodorum Mopsuestiae, Didymum quoque pariter et Evagrium, qui etiam secundum easdem et diversas opiniones eodem perditionis irretiti sunt barathro.

[2]) Photii Epist. ad Michaelem n. 15 ed. Migne Patrol. gr. 102, 644B—645B, Mansi IX Sp. 656 f.

[3]) Photii Bibliotheca cod. 18 ed. Migne 103, 57A.

Diese Wahrnehmung scheint auf den ersten Blick der Annahme besonderer antiorigenistischer Verhandlungen zur Zeit der fünften Synode ungünstig zu sein. Man hat argumentirt: Weil Photios in seinem Codex sicher eine ältere Synode, die des Jahres 536, mit der fünften ökumenischen verbunden vorfand, so ist es wahrscheinlich, daß auch die darin befindlichen Verhandlungen gegen Origenes einer älteren Synode, der σύνοδος ἐνδημοῦσα unter Menas, angehören. Die Vereinigung der Acten in einer und derselben Handschrift kann leicht den Irrthum, die fünfte Synode habe über Origenes und seine Anhänger zu Gericht gesessen, veranlaßt haben. Es läßt sich nicht leugnen, daß dieser Versuch, die obwaltende Schwierigkeit zu lösen, etwas Bestechendes hat. In den oben n. 1—3 aufgeführten Nachrichten ist die Verwechselung des fünften allgemeinen Concils mit der Synode von 536 sicher in der angegebenen Weise zu erklären. Allein es ist verfehlt, bei den Verhandlungen gegen die Origenisten an eine ähnliche Verwechselung mit der Synode von 543 zu denken. Was zunächst die oben citirten Quellen betrifft, so dürfen wir mit Fug und Recht die Angaben des gelehrten und scharf beobachtenden Photios als die werthvollsten in historisch-kritischer Hinsicht bezeichnen. Photios hat aber an beiden Stellen die Synode gegen Zooras, Anthimos u. s. w. ausdrücklich von dem fünften allgemeinen Concil unterschieden und sie als älter bestimmt. Seine weitere Bemerkung in dem Briefe an Michael, daß zur Zeit jener Synode Agapet Bischof von Rom[1]), Ephräm Bischof von Antiochien, Petros Bischof von Jerusalem gewesen seien, hebt dies noch schärfer hervor, da er in demselben Zusammenhange Vigilius von Rom, Domnos (Domninos) von Antiochien und Eustochios von Jerusalem als Zeitgenossen der fünften Synode aufführt. Auf der anderen Seite aber sind nach seiner Darstellung die Verhandlungen gegen die Origenisten von den Bischöfen der fünften ökumenischen Synode geführt worden. Mit keinem Worte deutet er an, daß dieselben mehrere Jahre älter seien — ein Zeichen, daß er auch in der Conciliensammlung, die er benutzte, keinen Hinweis darauf gefunden hat. — Es kommt hinzu, daß er in einem anderen wichtigen Schriftstücke, in dem Glaubensbekenntnisse, das er bald nach seiner Bischofsweihe dem

---

[1]) Agapet war allerdings im Monate vor der Eröffnung der Synode in Byzanz gestorben.

Papste Nikolaus (860) überreichen ließ, die Verurtheilung jener Monophysiten übergeht und das Anathem einerseits über Nestorios, Theodoros von Mopsuestia und ihre Gesinnungsgenossen, andererseits auch über Origenes, Didymos und Evagrios auf die fünfte Synode zurückführt [1]).

Durch die Angaben des Photios ist also der Hypothese, die Verhandlungen der Synode unter Menas im Jahre 543 seien ebenso, wie die vom Jahre 536, in Folge der Ueberlieferung in einer Handschrift irrthümlich auf das allgemeine Concil vom Jahre 553 übertragen worden, der Boden entzogen, und ich brauche kaum noch darauf hinzuweisen, daß auch die zahlreichen Nachrichten, die von der Verdammung der Origenisten durch das letztere Concil melden, die Hypothese ganz unwahrscheinlich machen. Wie sollten namentlich jene drei Schriftsteller Evagrios, Anastasios Sinaites und Georgios Monachos, die nachweislich von den Acten nähere Kenntniß besaßen und in ihren ausführlichen Mittheilungen über die fünfte Synode von einander nicht abhängig sind, übereinstimmend dieser angeblichen Täuschung erlegen sein? Zumal da einige ihrer Mittheilungen gar nicht auf das Jahr 543 passen? Und wäre es nicht zu verwundern, daß Niemand sich veranlaßt gesehen hat, den so verbreiteten Irrthum richtig zu stellen, obwohl doch die Acten noch zur Zeit des Photios vorhanden waren?

Es ergibt sich also, und zwar, wie ich glaube, mit voller Sicherheit, daß in manchen Exemplaren der Acten die Sitzungsberichte und andere Documente über den Dreicapitelstreit und die Actenstücke über die origenistische Angelegenheit vereinigt waren, daß aber die Zeitangaben der letzteren klar und deutlich auf die Zeit der fünften allgemeinen Synode hinwiesen. Wenn zu diesen Actenstücken auch das Edict Justinians vom Jahre 543 gehörte, wie das oben S. 119 erwähnte Citat „aus dem vierten Buche der Acten" erkennen läßt, so bereitet das keine Schwierigkeit. Es hat nichts auffallendes, wenn ältere oder auch jüngere Schriftstücke, die zu dem Gegenstande der Berathungen in enger Beziehung stehen, in die Acten (Voracten, Nachacten) aufgenommen wurden. Die Synodalacten von Ephesos und Chalkedon bieten zahlreiche Belege dafür.

---

[1]) Photii Epist. lib. III, 1 ad Nicolaum papam ed. Migne 102, 592 CD.

§ 14.

Der Libellus des Theodoros von Skythopolis.

Noch ein interessantes Document aus der letzten Zeit der origenistischen Kämpfe, das unter dem Titel Λίβελλος Θεοδώρου ἐπισκόπου Σκυθοπόλεως auf uns gekommen ist [1]), bleibt zu untersuchen. Der Bischof Theodoros schreibt an den Kaiser Justinian und an die vier Patriarchen des Ostens:

„Früher habe ich in menschlicher Schwäche gewissen Anschauungen über die Präexistenz und die Apokatastasis, die der gottlose und frevelmüthige Origenes vorgetragen hat, angehangen. Jetzt aber habe ich genauer die göttlichen Schriften und die heiligen und gotterfüllten Väter gelesen und bin klar belehrt worden, daß jene frevelhaften Dogmen mit dem hellenischen Wahn und den manichäischen Mythen, mit den arianischen und jenen jüdischen Lästerungen übereinstimmen, die Nestorios oder der gottlose Theodoros ersonnen haben. Auch habe ich erkannt, daß ihr, die gottesfürchtigsten, heiligsten und seligsten Erzbischöfe und Patriarchen, Eutychios, der Bischof dieser Kaiserstadt, Apolinarios von Alexandrien, Domninos von Antiochien und Eustochios von Jerusalem, mit Recht solche Lehren als schändlich verabscheut und auf alle Art ausrottet. Es ist jedoch Sitte, daß diejenigen, die ihren Irrthum reumüthig bekennen, von der heiligen katholischen und apostolischen Kirche Gottes aufgenommen werden. Deshalb spreche auch ich Gott und Eurer gottesfürchtigsten Majestät und den genannten seligsten Patriarchen meinen innigsten Dank aus, daß sie mir die Wohlthat verschafft haben, von solcher seelenmörderischen Verderbniß befreit und vollkommen von ihr losgelöst zu sein. Da es aber rechtens ist, diese Gottlosigkeit auch schriftlich zu verdammen, so erkläre ich durch mein gegenwärtiges Schreiben (λιβέλλων), indem ich bei der heiligen und wesensgleichen Dreieinigkeit sowie bei dem Siege und dem langen Leben Eurer gottesfürchtigsten Majestät schwöre, daß ich aus ganzer Seele und Ueberzeugung diesem unheiligen und verderbnißvollen Wahn entsage, ihn jedem christlichen Ohr als fremd erachte und nicht nur mit dem Munde, sondern auch mit innerer Ueberzeugung das Anathem

---

[1]) Theodori Libellus de erroribus Origenianis ed. Migne Patrol. gr. 86, 1, 232—236.

spreche insonderheit über den gottlosen Origenes selber, der auch Adamantios heißt, und über seine schändlichen und gottlosen Lehren, insgemein aber über alle, die die sogenannte Präexistenz und Apokatastasis behaupten oder festhalten, denken oder lehren. Indem ich also Eurer Majestät und den genannten seligsten Patriarchen folge, gebe ich die beigefügte Erklärung ab." — Es folgen sodann zwölf κεφάλαια d. h. Anathematismen und zuletzt die Versicherung des Bischofs, daß er den ganzen Libellus eigenhändig geschrieben habe.

Dem aufmerksamen Leser kann es nicht zweifelhaft bleiben, daß dieser Libellus eine dem Bischofe Theodoros als Bedingung zur Wiederaufnahme in die Kirchengemeinschaft abgeforderte Erklärung über seine Orthodoxie ist. Der Hinweis auf seine Forschungen in der Schrift und Tradition vermag nicht darüber hinwegzutäuschen, daß hauptsächlich ein von seinen Adressaten auf ihn ausgeübter Druck die Sinnesänderung bewirkt hat. Er hat es erfahren, daß sie die origenistischen Doctrinen mit Recht verabscheuen und auf jede Weise zu entfernen suchen *(εὑρηκὼς δὲ καὶ ὑμᾶς .. δικαίως τὰ τοιαῦτα δόγματα ὡς μυσαρὰ βδελυσσομένους καὶ παντοίως ἐκβάλλοντας)*; er dankt ihnen, daß sie ihm dazu verholfen haben, dem Irrthum zu entsagen *(χάριν μεγίστην ὁμολογῶ .. προξένοις μοι γενομένοις τοῦ καὶ τοιαύτης ψυχοφθόρου βλάβης ἐλευθερωθῆναι καὶ τελείως αὐτῆς ἀπαλλαγῆναι)*; deshalb will er ihnen Folge leisten und, nachdem er bereits ein specielles und generelles Anathem gesprochen, noch eine ausführliche Erklärung abgeben *(διὸ ἑπόμενος τῷ ὑμετέρῳ κράτει καὶ τοῖς προειρημένοις μακαριωτάτοις πατριάρχαις πληροφορῶ τὰ ὑποτεταγμένα)*. Durch die letzte Aeußerung kann Theodoros vielleicht auch ausdrücken wollen, daß er sich in den folgenden Anathematismen an ähnliche Kundgebungen des Kaisers und der Patriarchen anlehne. In Wirklichkeit decken sich neun seiner κεφάλαια fast aufs Wort mit den neun Anathematismen in Justinians Edict gegen Origenes [1]). Nur drei (No. 4. 11. 12) sind neu. Davon verwirft eins (No. 4) zwar im Einklang mit dem Schlußsatze des zwölften unter den oben S. 94 mitgetheilten fünfzehn Anathematismen die Behauptung,

---

[1]) Ungenau bemerkt M. Lequien (Oriens christianus III Sp. 693): Sunt duodecim anathematismi Iustiniani Imperatoris adversus errores Origenis adscriptos, tacito tamen ubique eius nomine. Das Richtige hat Fr. Loofs, Leontius von Byzanz S. 292.

das Reich Christi werde ein Ende haben. Aber die beiden anderen sind nur ungefähr dem Sinne nach in diesen Anathematismen zu finden, während sie dem Edicte Justinians ganz fremd sind. No. 11 anathematisirt nämlich den Satz, daß wir unserem aus Maria, der Theotokos und Jungfrau, geborenen Erlöser Christus, unserem Gott, gleich werden (ἐξισοῦσθαι), und daß der Gott Logos mit uns, wie mit dem aus Maria angenommenen beseelten Fleische, wesenhaft und hypostatisch vereinigt werde (ἑνοῦσθαι κατ' οὐσίαν καὶ καθ' ὑπόστασιν). In Nr. 12 wird derjenige mit dem Banne belegt, der behauptet, die auferstandenen Leiber, sogar der unseres großen Gottes und Erlösers Jesus Christus werden vernichtet und in das Nichts aufgelöst. Die Uebereinstimmung ist also nicht erheblich genug, daß eine Abhängigkeit der κεφάλαια Theodors von Skythopolis von den fünfzehn Anathematismen behauptet werden könnte. Er wird demnach seine Erklärung vor den Berathungen über die letzteren abgefaßt haben.

Das Document ist leider nicht mit einem Datum versehen. Aber es gibt doch einige Anhaltspuncte für die Zeitbestimmung, vor allem die Namen der Adressaten. Schon Lequien bemerkte (Sp. 692), daß der Libellus der Zeit von Ende August 552, da Eutychios den Stuhl von Konstantinopel bestieg, bis August 559, da Domninos von Antiochien starb, angehört. Nach unseren obigen Untersuchungen dürfen wir sogar das Ende des Jahres 552 als den frühesten Terminus der Entstehung bezeichnen, da Eustochios erst im Dezember 552 zum Patriarchen von Jerusalem erhoben wurde. Lequien (Sp. 694) und mit ihm Fr. Loofs (S. 270 f. Anm.) glauben übrigens die Abfassung des Libellus erst zwischen 557 und 559 ansetzen zu dürfen, da Kyrillos von Skythopolis in seiner Vita Sabae von der „Bekehrung" des Bischofes seiner Heimathstadt keine Kenntniß verrathe. Indeß Beide haben die ausdrückliche Meldung Kyrills übersehen, daß sämmtliche Bischöfe Palästinas mit Ausnahme des Alexander von Abile die Acten des fünften Concils nebst ihrem Anathem gegen Origenes unterschrieben haben. Hatte sich also der Metropolit von Skythopolis bis dahin noch nicht vom Origenismus losgesagt, so hat er es jedenfalls beim Eintreffen der Synodalacten in Palästina oder auf der alsbald einberufenen palästinensischen Synode gethan. Diese Synode hat aber noch im Jahre 553 oder in den ersten Monaten des Jahres 554 stattgefunden (siehe oben S. 66).

Es scheint jedoch, daß Theodoros von Skythopolis nicht erst auf der Synode zu Jerusalem, sondern schon vorher, und zwar in Konstantinopel, zu den Orthodoxen übergetreten ist. Er bezeichnet Eutychios als den Bischof τῆσδε τῆς βασιλευούσης πόλεως. Wann aber war er in der Hauptstadt? Nicht während der vom 5. Mai bis zum 2. Juni 553 dauernden Verhandlungen über die drei Capitel, da sein Name in den Unterschriften nicht zu finden ist; also in der Zeit vom Dezember 552 bis zum April 553 oder in der letzten Hälfte dieses Jahres. Da er aber, wie vorhin bemerkt worden ist, bei der Abfassung seines Libellus die fünfzehn Anathematismen und den Brief Justinians an die Synode noch nicht gekannt haben wird, da er von der fünften allgemeinen Synode schweigt, da er auch Didymos und Evagrios, die seit dem Concil mit Origenes zugleich aufgeführt zu werden pflegen, unerwähnt läßt, so ist es ungleich wahrscheinlicher, daß er sich vor den Synodalverhandlungen über die drei Capitel in Konstantinopel aufhielt und seine Erklärung gegen Origenes abgab, bevor die Bischöfe zur Berathung über den Origenismus zusammentraten.

Vermuthlich hat sich der Metropolit von Skythopolis auf die Einladung des Kaisers zum Concil schon im Sommer 552 nach Byzanz begeben. Als dann im November oder Dezember die Nachricht von den Unruhen in Jerusalem des Kaisers Zorn gegen die Origenisten erregte, als Makarios abgesetzt und Eustochios zum Patriarchen befördert wurde, werden die Gegner der Origenisten, schon bevor der Gedanke an eine synodale Behandlung der Frage feste Gestalt annahm, die als origenesfreundlich bekannten, in Byzanz sich aufhaltenden Bischöfe bearbeitet haben. Zu den letzteren gehörte in erster Linie Theodoros von Skythopolis, der, früher Hegumenos der neuen Laura, um das Jahr 548 auf Betreiben seines Freundes Theodoros Askidas zu der einflußreichen Stellung eines Staurophylax und Metropoliten von Skythopolis avancirt war (VS p. 378) und der zu der Sekte der Isochristen zählte. Die Mahnungen der Patriarchen, die anscheinend durch die Aufhebung der Kirchengemeinschaft mit ihm verstärkt und vielleicht von Drohungen seitens des Kaisers begleitet waren, verfehlten ihre Wirkung nicht. Den Erfolg zeigt uns der Libellus. — Sind diese Voraussetzungen richtig, so kann die Zeit vor der Abreise des Eustochios nach Jerusalem (sie geschah vor dem 6. Januar

553), also der Dezember 552, als das wahrscheinlichste Datum des Libellus gelten.

Eins aber bestätigt uns dieses wichtige Document in jedem Falle, daß um die Zeit des fünften allgemeinen Concils ein gemeinsames Vorgehen der Patriarchen des Ostens in der origenistischen Angelegenheit stattgefunden hat. Auch das geht daraus hervor, daß seit dem Erlasse des kaiserlichen Edictes die Irrthümer der Isochristen die Aufmerksamkeit auf sich gezogen hatten. Denn Justinians Anathematismen sind in dem Libellus durch drei gegen diese Irrlehren gerichtete κεφάλαια ergänzt worden.

§ 15.
Ergebnisse.

Es erübrigt noch, die bereits gesicherten Ergebnisse der langen Einzeluntersuchung zusammenzustellen, aus den festgestellten Thatsachen die Schlüsse zu ziehen und womöglich eine Lösung der anscheinend vorliegenden Widersprüche zu geben. Von dem rein chronologischen Ertrage der Arbeit soll jedoch nicht die Rede sein; dieser ist aus der am Ende beigegebenen Tabelle zu ersehen.

1. Das kaiserliche Edict gegen Origenes und seine Irrthümer hat im Januar 543 zur Verdammung des Origenes durch eine σύνοδος ἐνδημοῦσα unter dem Patriarchen Menas von Konstantinopel geführt. Auch die anderen Patriarchen des Reiches mit Einschluß des Papstes Vigilius haben das Anathem über Origenes gesprochen und das Edict von den Bischöfen ihrer Bezirke unterschreiben lassen. Der Gesammtepiskopat also hat die vom Kaiser bezeichneten Irrthümer des Alexandriners verworfen und ihn selbst mit dem Banne belegt.

2. In Palästina dauerte der Streit auch nach dem Erlasse des Edictes fort. Unter dem Schutze des Theodoros Askidas erstarkten die Origenisten mehr und mehr und bemühten sich mit Erfolg, die Orthodoxen zu unterdrücken. Als sie seit 547 in die Parteien der Isochristen und der Protoktisten zerfallen waren, erlangten die Isochristen allmählich die Uebermacht und drängten durch ihre Intoleranz die Protoktisten dahin, daß sie sich im Sommer 552 mit den Orthodoxen vereinigten. Durch die gemeinsamen Vorstellungen der neuen Verbündeten beim Kaiser, sowie durch die Wirren in Jerusalem, die die Origenisten nach dem Tode des Patriarchen Petros durch die eigenmächtige Erhebung des Makarios

auf den dortigen Bischofsstuhl verursacht hatten, ward Justinians Aufmerksamkeit neuerdings auf die origenistische Angelegenheit, die er längst erledigt glaubte, gelenkt. Dies war im November oder Dezember des Jahres 552.

3. Etwa ein halbes Jahr früher hatte der Kaiser die ökumenische Synode einberufen, also zu einer Zeit, da der Plan, auch den Origenistenstreit durch die Synode zum Austrage zu bringen, noch nicht aufgetaucht war. In dem Einladungsschreiben ist den Bischöfen daher nur die Dreicapitelangelegenheit als Gegenstand der Berathung bezeichnet worden.

4. Auch während der folgenden Monate beherrschte das Interesse für und wider die drei Capitel die Gemüther des Kaisers und der Bischöfe dermaßen, daß die Verurtheilung der origenistischen Irrlehren als nebensächlich betrachtet wurde. Diese hatte ja auch nur für das Patriarchat Jerusalem actuelles Interesse, während der Streit um die drei Capitel, vorzüglich die Haltung des Papstes Vigilius in dieser Frage, das Morgen- und Abendland in Spannung hielt. Dies erklärt uns, weshalb wir so viele Kundgebungen des Kaisers, des Papstes und anderer Bischöfe aus jener Zeit besitzen, die den Dreicapitelstreit betreffen, aber nur zwei Documente in Sachen der Origenisten, den Libellus des Theodoros von Skythopolis und das Schreiben Justinians „an die heilige Synode". — Der Libellus des Theodoros ist älter als der Brief des Kaisers; er ist ziemlich sicher im Dezember 552 verfaßt worden.

5. Der Kaiser hat durch den genannten Brief die Bischöfe, die seiner Einladung zur Synode bereits gefolgt und in Konstantinopel versammelt waren, aufgefordert, ein Urtheil über die Lehren der origenistischen Mönche in Palästina zu fällen und den beigefügten fünfzehn Anathematismen ihre Zustimmung zu geben. Die zu verurtheilenden Lehren waren im Wesentlichen die der isochristischen Partei. Während Edict und Urtheilsspruch der Bischöfe im Jahre 543 in erster Linie die von Origenes selbst aufgestellten Irrthümer und seine Person mit dem Anathem trafen, richtete sich der jetzt eröffnete Feldzug gegen die Lehren der damaligen Origenisten in Palästina. Origenes selbst wird in dem „Briefe an die Synode" nur beiläufig, in den Anathematismen gar nicht genannt. Doch fordert Justinian in dem Briefe auch ein Anathem über ihn.

6. Die Bischöfe haben den kaiserlichen Auftrag ausgeführt. Da es sich um wirklich häretische Lehren handelte, so ist dieser

Erfolg des Briefes geradezu als selbstverständlich vorauszusetzen. Die zahlreichen alten Nachrichten über die Verurtheilung des Origenes und seiner Irrlehren durch das fünfte allgemeine Concil bestätigen das Factum.

7. Der Verlauf der Verhandlungen ist unbekannt. Nach der Erzählung des Kirchenhistorikers Evagrios ist wohl anzunehmen, daß die Bischöfe außer dem Material, das sie von Justinian erhalten hatten, nämlich dem genannten Briefe nebst der verloren gegangenen ἔκθεσις oder dem Libellus der orthodoxen Mönche und den fünfzehn Anathematismen (vgl. auch unten n. 9), noch mehr beigebracht haben. Jedenfalls hat ihre Sentenz außer Origenes auch Evagrios und Didymos, seine Anhänger, mit Namen aufgeführt, jedoch so, daß nicht die Person der beiden letzteren, sondern nur ihre Lehren von der Präexistenz und von der Apokatastasis verdammt worden sind. Erst nach der Beendigung des Concils traf das Anathem auch sie selbst, vielleicht in einem durch den Patriarchen Eutychios für das Patriarchat Konstantinopel erlassenen besonderen Edicte[1]).

8. Die Verhandlungen haben vor den acht Sitzungen in der Dreicapitelangelegenheit, die vom 5. Mai bis zum 2. Juni 553 gehalten worden sind, stattgefunden. Diese Annahme fordert der oben S. 75 angeführte Ausspruch des Theodoros Askidas in der fünften Sitzung. Auch die Erwähnung des Origenes im elften Anathematismus der Schlußsitzung erklärt sich so am besten. Denn wenn in der Ὁμολογία πίστεως vom Jahre 551 zwar die übrigen in diesem Anathematismus aufgeführten Häretiker mit dem Banne belegt werden, Origenes' Name aber fehlt, so weist die Ausdehnung des Anathems auf Origenes in der Schlußsitzung darauf hin, daß in der Zwischenzeit etwas Wichtiges gegen ihn geschehen ist. — Es bleiben also die Monate Dezember 552 bis April 553 für die antiorigenistischen Verhandlungen offen. Da jedoch der Libellus der Mönche, den Justinian den Bischöfen vorlegte, wie aus der Kirchengeschichte des Evagrios ersichtlich ist, auch die Namen der Hegumenen Eulogios, Kyriakos und Pankratios trug, diese drei

---

[1]) Daß dieses Anathem aber bald allgemeinere Anerkennung fand, geht daraus hervor, daß der frühere Origenist Makarios den erzbischöflichen Stuhl von Jerusalem im Jahre 563 oder 564 wieder einnehmen durfte, „nachdem er Origenes, Didymos und Evagrios anathematisirt hatte" (Evagrii Hist. eccles. IV, 39 ed. Migne Patrol. gr. 86, 2, 2781 B).

Aebte aber von dem neuen Patriarchen Eustochios erst nach seiner Ankunft in Palästina nach Konstantinopel geschickt wurden, so dürfen die Verhandlungen nicht vor März 553 angesetzt werden.

9. Der Papst Vigilius hat nicht persönlich daran Theil genommen, aber brieflich sein Einverständniß erklärt, wie aus den Aeußerungen des Theodoros Askidas, des Evagrios und des Anastasios Sinaites hervorgeht. Diese Zustimmung erfolgte schon vor den Verhandlungen als Antwort auf eine Anfrage oder Aufforderung Justinians und wurde durch letzteren den versammelten Bischöfen übermittelt.

10. Unter diesen Umständen war es nicht nothwendig, nachträglich die päpstliche Beitrittserklärung zu erbitten und zu diesem Zwecke dem Papste das Protokoll der Sitzung oder der Sitzungen zu übergeben. Ganz anders lag die Sache in der Dreicapitelfrage. Noch während der Synodalverhandlungen darüber hat Vigilius in seinem Constitutum vom 14. Mai 553 die Verwerfung der drei Capitel abgelehnt. Darum mußten ihm die Acten dieser acht Sitzungen, und zwar in lateinischer Uebersetzung, da er des Griechischen nicht hinreichend mächtig war, eingehändigt werden, damit er sich nachträglich mit den Beschlüssen einverstanden erklären könne. So mag es gekommen sein, daß zunächst nur die Acten über die Angelegenheit der drei Capitel im Abendlande bekannt geworden sind.

11. Daß der Papst Vigilius in den beiden Schreiben, worin er die gegen die drei Capitel gefaßten Concilsbeschlüsse bestätigte, kein Wort über Origenes verlauten läßt, ist nach dem unter n. 9 und 10 Gesagten begreiflich. Jedoch das consequente Schweigen der Päpste des 6. Jahrhunderts und der konstantinopolitanischen Schriftsteller jener Zeit über die Thätigkeit der fünften Synode gegen die Origenisten findet dadurch noch keine Erklärung. Wir haben oben S. 79 ff. aus diesem Schweigen die Folgerung gezogen, daß damals weite Kreise die antiorigenistischen Verhandlungen als nicht zum fünften Concil gehörig betrachtet haben, und wir kommen jetzt zu der wichtigen Frage, ob und wie dieses Ergebniß mit den entgegengesetzten klaren Nachrichten in Einklang gesetzt werden kann. Zwar vermag das argumentum ex silentio die zahlreichen affirmativen Zeugnisse nicht umzustürzen. Aber da jene Männer, deren Schweigen schon so viel Staunen und Verwirrung in unserer Frage erregt hat, den Ereignissen zur Zeit des Concils

sehr nahe standen, da außerdem der Schluß, den wir aus ihren Berichten gezogen haben, durch das Zeugniß der Acten, worin die Sitzung vom 5. Mai 553 als die Eröffnungssitzung der ökumenischen Synode erscheint, also die vorhergegangenen Verhandlungen über die Origenisten nicht mitzählen, vollkommen bestätigt wird, so wäre es eine unangenehme Lücke in der Beweisführung, wenn sich der Sachverhalt nicht befriedigend erklären ließe.

Die Lösung der Schwierigkeit wird jedoch, wie mir scheint, durch folgende zwei Erwägungen erreicht. Erstens galt die Action gegen die Origenisten gegenüber der Angelegenheit der drei Capitel als recht bedeutungslos. Der Kaiser hatte die Bischöfe nur zur Erledigung der letzteren berufen. Nur diese erregte das allgemeine Interesse. Als der Origenistenstreit zur Kenntniß des Kaisers kam und die Mönche ihm eine förmliche Klage gegen die Origenisten Palästinas einreichten, hat er wohl bereitwillig die Gelegenheit ergriffen, die schon so lange zur Unthätigkeit verurtheilten, vor Monaten schon zur Synode eingetroffenen Bischöfe mit dieser Vorlage zu beschäftigen und über die noch nicht entschiedenen Differenzen im Glauben ein Urtheil fällen zu lassen. Aber da die Anathematisirung des Origenes selbst und seiner Irrthümer schon längst erfolgt war, so mochte er es für ausreichend halten, wenn die zu anderen Zwecken berufenen Bischöfe zu diesen Berathungen nur wie zu einer σύνοδος ἐνδημοῦσα zusammentraten.

Viel wichtiger, ja entscheidend ist die zweite Erwägung. Ein ökumenisches Concil konnte gemäß den Anschauungen des kirchlichen Alterthums nur dann zu Stande kommen, wenn der Papst sich irgendwie daran betheiligte und den Beschlüssen beitrat. Die Einladungen zum Concil gingen vom Kaiser aus[1]). In unserem Falle hatte Justinian sie — ob unter formeller Zustimmung des Papstes oder nicht, ist irrelevant — um die Mitte des Jahres 552 ergehen lassen. Im August und in den folgenden Monaten trafen die Theilnehmer in Konstantinopel ein; aber die Eröffnung der Synode verzögerte sich lange, da der Papst sich weigerte, sich an einer Versammlung, in der die orientalischen Bischöfe die erdrückende Majorität bildeten, zu betheiligen. Ueber die Verhand-

---

[1]) Vgl. Fr. X. Funk, Die Berufung der ökumenischen Synoden des Alterthums: Kirchengeschichtliche Abhandlungen und Untersuchungen I. Paderborn 1897. S. 39 ff.

lungen, wie sie seit dem 6. Januar 553 zwischen dem Kaiser und den morgenländischen Bischöfen auf der einen und dem Papste Vigilius auf der anderen Seite wegen der Eröffnung des Concils geführt worden sind, haben wir ziemlich gute Kenntniß [1]). Da bis gegen Ostern (20. April) keine Einigung zu Stande gekommen war, verlor Justinian die Geduld und schickte „nach Ostern" dem Papste zuerst die schriftliche Weisung, an den Berathungen Theil zu nehmen, dann durch hohe Staatsbeamte den gemessenen Befehl, „quam celerrime" die Antwort über die drei Capitel zu geben. Der Papst bat mit Rücksicht auf seine Kränklichkeit zur Abfassung der Antwort um eine Frist von zwanzig Tagen. Allein Justinian konnte sich nicht entschließen, zu warten, sondern ließ die Synode am 5. Mai ohne Theilnahme und ohne Zustimmung des Papstes eröffnen [2]).

Diese Vorgeschichte des Concils zeigt zur Genüge, daß der Kaiser lange Bedenken getragen hat, zum Aeußersten zu schreiten und die Berathungen ohne den Papst beginnen zu lassen, um dann nachträglich seine Zustimmung zu den Beschlüssen zu erwirken. Die maßgebenden Personen, der Papst und der Kaiser, hielten beide energisch ihren Standpunkt fest. Der Papst suchte die Synode in dieser Zusammensetzung zu vereiteln, und so war es selbstverständlich ausgeschlossen, daß er seine Einwilligung dazu gab, eben diese ökumenische Synode, wenn auch vorläufig zu anderen Berathungen, als zu denen sie berufen worden war, eröffnen zu lassen. Aber auch der Kaiser wird darum gar nicht

---

[1]) Vgl. J. Punkes, Papst Vigilius und der Dreikapitelstreit. München 1864. S. 102—106.

[2]) Vigilius hat seine Antwort, das sogenannte Constitutum de tribus capitulis, zwar am 14. Mai vollendet, aber erst am 25. Mai den Versuch gemacht, es dem Kaiser überreichen zu lassen. Daraus ist wohl zu folgern, daß die letzte Botschaft des Kaisers an den Papst, worauf dieser um einen Aufschub von zwanzig Tagen bat, am 5. Mai, am Eröffnungstage der Synode, ergangen ist. Vigilius ließ nämlich an demselben Tage, da er um diese Frist nachsuchte, den Bischöfen die Weisung zugehen, zwanzig Tage auf seine Antwort in der Dreicapitelfrage zu warten; lasse er den Termin verstreichen, so möchten sie beschließen, was sie für gut hielten. Offenbar ist er aber nicht gewillt gewesen, sie über seine Stellung zu der Frage im Unklaren zu lassen, und hat seine Entscheidung deshalb noch rechtzeitig gegeben. Anderseits ist es aber auch begreiflich, daß er sein den Wünschen Justinians widersprechendes Constitutum möglichst lange, bis zum letzten Tage der ausbedungenen Frist zurückgehalten hat.

mit dem Ansinnen an den Papst herangetreten sein, die Verhandlungen gegen die Origenisten als Theil der fünften allgemeinen Synode zu betrachten. Daß er selbst sie nicht dazu gerechnet hat, ergibt sich aus einem Vergleiche seiner beiden an die versammelten Bischöfe gerichteten Briefe. In dem Schreiben vom 5. Mai über die drei Capitel [1]) spricht er gleich im ersten Satze davon, daß seine orthodoxen Vorgänger stets bemüht gewesen seien, durch Synoden für die Ausrottung von Ketzereien und die Aufrechterhaltung des wahren Glaubens zu sorgen. Sodann führt er im Einzelnen aus, aus welchen Anlässen „die vier Synoden" d. h. die vier ersten ökumenischen von den Kaisern versammelt worden seien, und fügt bei, daß er, nachdem sein Edict über die drei Capitel Meinungsverschiedenheiten hervorgerufen habe, gleichfalls eine Synode für das geeignete Mittel gehalten habe, um die Irrlehren des Theodor von Mopsuestia u. s. w. zu unterdrücken. Ganz offenbar hat Justinian also die Absicht, die am 5. Mai beginnende Synode den vier ökumenischen als die fünfte anzureihen. In dem früher geschriebenen Briefe in Sachen der Origenisten (oben S. 90 ff.) kommt aber nicht ein einziges Mal das Wort Synode vor. Das Einzige, was uns zeigt, daß Justinian sich an eine Versammlung von Bischöfen wendet, sind die Worte τοὺς ὁσιωτάτους ὑμᾶς εἰς ἓν συνηγμένους gegen Schluß des Briefes — ein klarer Beweis, daß der Kaiser diese Versammlung nicht als die ökumenische Synode betrachtete.

Demgemäß wird die Sitzung vom 5. Mai mit Recht in den Acten als die erste Sitzung der fünften allgemeinen Synode bezeichnet, und es ist nicht mehr befremdlich, wenn einige Schriftsteller der nächsten Folgezeit in ihren Aeußerungen über diese Synode die Verurtheilung der Origenisten mit Stillschweigen übergehen. Es sind eben solche Schriftsteller, die den Sachverhalt gut kennen. Andere, die den Ereignissen nicht so nahe standen, konnten den Unterschied leicht übersehen und die Verhandlungen und Beschlüsse gegen die Origenisten in demselben Sinne dem allgemeinen Concil zuschreiben, wie die Verhandlungen gegen die drei Capitel.

12. Es dürfte nicht überflüssig sein, zum Schlusse auseinanderzusetzen, was nach den Grundsätzen der katholischen Dogmatik

---

[1]) Mansi IX. Sp. 178 ff.

von der Unfehlbarkeit der Beschlüsse gegen die origenistischen Irrthümer und anderer im Verlaufe dieser Arbeit zur Sprache gekommener Entscheidungen zu halten ist.

Wenn das sechste allgemeine Concil auf Grund einer Prüfung der Acten des fünften Concils drei in einigen Exemplaren enthaltene Documente für ganz oder theilweise gefälscht erklärt (S. 71), so ist das keine unfehlbare Entscheidung. Denn die Thatsache dieser Fälschung gehört weder in den Bereich des von Gott geoffenbarten und von den Aposteln der Kirche anvertrauten Glaubensgutes, noch auch in das Gebiet der sogenannten dogmatischen Thatsachen, da die irrthumslose Erkenntniß dieser Fälschung keineswegs für die unverfälschte Bewahrung und wirksame Vertheidigung der eigentlichen Offenbarungslehre wesentlich erforderlich war [1]). Es handelte sich vornehmlich um die beiden Briefe des Papstes Vigilius. Aber ob er selbst den darin enthaltenen monotheletischen Irrthum geäußert hat oder nicht, dies zu wissen, war für die sechste Synode kein wesentliches Erforderniß, um ein unfehlbares Urtheil über den Monotheletismus fällen zu können. Denn weder hatte der Papst in den Briefen eine die ganze Kirche bindende Lehrentscheidung gegeben, noch hatte das fünfte Concil dieselben förmlich approbirt.

Wenn ferner das sechste, das siebente und das achte ökumenische Concil versichern, durch die fünfte allgemeine Synode seien Origenes, Evagrios und Didymos und ihre häretischen Lehren verurtheilt worden, so geben jene Concilien auch hiermit keine unfehlbare Entscheidung, mögen die betreffenden Aeußerungen auch in den eigentlichen Glaubensdecreten oder in den Kanones vorkommen (S. 110. 116. 121 f.). In den kirchlichen Glaubensentscheidungen sind nämlich selbstredend „nur diejenigen Sätze oder Momente, auf deren peremptorische Feststellung die Intention des Richters gerichtet erscheint, als richterlich festgestellt und mithin unfehlbar wahr anzusehen" [2]). Auf keiner der genannten Synoden aber haben die Bischöfe eine richterliche Entscheidung über Vorkommnisse auf der fünften Synode beabsichtigt. Wenn sie einem älteren Brauche folgend die Beschlüsse der vorhergegangenen ökumenischen

---

[1]) Vgl. J. B. Heinrich, Dogmatische Theologie II². Mainz 1882. S. 563 f.

[2]) M. J. Scheeben, Handbuch der katholischen Dogmatik I. Freiburg 1873. S. 228.

Concilien über den Glauben in ihren Glaubensentscheidungen bestätigt haben, so haben sie hierdurch kein Urtheil darüber gefällt, daß die Beschlüsse den Concilien mit Recht zugeschrieben werden; sie haben ihnen einen Platz im Glaubensdecrete gewährt, weil sie nach der derzeitigen allgemeinen Auffassung wirklich den älteren allgemeinen Concilien angehören sollten.

Im Jahre 543 wurde, wie wir sahen, das Edict Justinians mit dem Anathem über Origenes und über neun ihm zugeschriebene Lehrsätze nicht nur vom Patriarchen Menas und seiner σύνοδος ἐνδημοῦσα, sondern auch vom Papste Vigilius und den übrigen Patriarchen unterzeichnet; und man kann vernünftiger Weise nicht daran zweifeln, daß auch die den Patriarchen untergebenen Bischöfe ihre Unterschrift geleistet haben (S. 50. 129). Zwangsmaßregeln mögen in vereinzelten Fällen die bloß äußerliche Zustimmung eines Bischofes herbeigeführt haben. Aber das kann nichts an der Thatsache ändern, daß damals nahezu alle Vertreter des kirchlichen Lehramtes das Urtheil über Origenes und seine Lehren bestätigt haben. Zwar ist zu diesem Zwecke kein ökumenisches Concil zusammengetreten, und es läßt sich auch nicht nachweisen, daß der Papst „ex cathedra" als Lehrer der ganzen Kirche die Glaubensfrage hat entscheiden wollen. Trotzdem muß ein so einmüthiges Urtheil des Gesammtepiskopates, soweit es die Glaubenslehre betrifft, als ein definitives, unfehlbares, allgemein verbindliches gelten.

Zehn Jahre später wurde über die Lehren der origenistischen Mönche in Palästina das Verdammungsurtheil gesprochen und das Anathem gegen Origenes erneuert. Diese Verhandlungen fanden, wenn meine These richtig ist, vor der Eröffnung der ökumenischen Synode statt und wurden von den Kundigen nie als zu dieser gehörend betrachtet. Es waren aber dieselben Bischöfe versammelt, die die fünfte Synode bildeten, und der Papst Vigilius hat im Voraus seine ausdrückliche Zustimmung zu den fünfzehn Anathematismen gegeben (S. 114. 132). Kommt diesem Urtheile Unfehlbarkeit zu? Als ein Urtheil der ökumenischen Synode kann es nicht gelten, da es als ein solches nicht intendirt und auch niemals als ein solches bestätigt worden ist. Da es außerdem nicht möglich ist, zu zeigen, daß Vigilius seine Zustimmung zu dem Entwurfe Justinians als ein endgültiges und die ganze Kirche bindendes Urtheil betrachtet wissen wollte, so haben die fünfzehn Anathematismen dieser Kirchenversammlung gegen die origenistischen Lehren an sich nicht die Bedeutung einer unfehlbaren Entscheidung. Vielleicht haben sie diese Bedeutung dadurch erlangt, daß sämmtliche Bischöfe sie nachträglich angenommen haben. Aber sicher wissen wir dies nur von den Bischöfen Palästinas. Es spricht keine entschiedene Wahrscheinlichkeit dafür, daß auch die Bischöfe der übrigen Patriarchate zum Beitritte aufgefordert worden sind.

Eine allgemein gehaltene Verdammung „des Origenes und seiner gottlosen Schriften" ist im elften Kanon der fünften allgemeinen Synode ausgesprochen (S. 73). Aber auch diese Sentenz ist nur in bestimmter Beschränkung unfehlbar. Sie ist natürlich keine unfehlbare Approbation der fünfzehn Anathematismen; dafür ist der Ausdruck zu unbestimmt. Sie ist auch kein unfehlbares Urtheil über die persönliche Irrgläubigkeit des Origenes noch auch darüber, daß Origenes der Verfasser der unter seinem Namen bekannten Bücher und daß diese Bücher unverfälscht seien. Die historische Frage nach dem wirklichen Autor oder nach der Unverfälschtheit seiner Schriften zu entscheiden, lag nicht in der Intention des Concils. Von der persönlichen moralischen Schuld des Origenes werden die Concilsväter allerdings überzeugt gewesen sein, sie werden ihn wegen formeller Häresie mit dem Anathem belegt haben; aber dies ist nicht Gegenstand eines dogmatischen und unfehlbaren Urtheils[1]). Der elfte Kanon besagt also über Origenes mit Unfehlbarkeit nur dies, daß die ihm zugeschriebenen Bücher Irrlehren nthalten. Für die persönliche Rechtgläubigkeit des Alexandriners einzutreten, ist Niemandem verwehrt.

Ob die Verurtheilung des Didymos und des Evagrios und ihrer Irrthümer, worauf gegebenenfalls das soeben Bemerkte anzuwenden wäre, durch ein Urtheil des ganzen Episkopates zu Stande gekommen ist, bleibt ungewiß. Wenn die Väter der sechsten, siebenten und achten allgemeinen Synode erklären: Wir verdammen Didymos und Evagrios bezw. ihre Irrlehren, wie die fünfte Synode sie verurtheilt hat, so beruhen diese Aeußerungen, die schon nach dem auf S. 136 Gesagten auf Unfehlbarkeit keinen Anspruch erheben, auf einer falschen Voraussetzung, weil die fünfte Synode selbst dieser beiden Lehrer gar nicht gedacht hat.

---

[1]) Vgl. Heinrich a. a. O. S. 574; Scheeben a. a. O. S. 259.

Zeittafeln.[1]

1. Patriarchen von Jerusalem.

Anastasios 458 Anfang Juli — 478 Anfang Januar (S. 10. 16).
Martyrios 478 — 486 April 13 (S. 16).
Salustios 486 — 494 Juli 23 (S. 16).
Elias 494 — 516 August* (S. 16 ff.).
Johannes 516 September 1* — 524 April 20 (S. 16 ff. 27).
Petros 524 — 552 Anfang October* (S. 27 ff.).
Makarios 552 October* — 552 December* (S. 27 ff.).
Eustochios 552 December* — 563/564 (S. 27 ff.).
Makarios (zum 2. Male) 563/564 — c. 575 (S. 27. 29).

2. Aebte der grössten Laura.

Sabas 501 Juli 1 (Vita Sabae p. 262) — 532 December 5 (S. 11).
Melitas 532 — 537 (S. 12. 37).
Gelasios 537 September — 546 October (S. 12. 38. 57).
Georgios 547 Februar* — 547 September* (S. 58).
Kassianos 547 September* — 548 Juli 20* (S. 13. 29. 59).
Konon 548 — c. 554 ⎫
Sergios   ⎬ Vita Ioan. Hesych. p. 20* E.
Eustathios 557 — ?   ⎭

3. Ereignisse.

439 Anfang Januar. Sabas geboren (S. 11).
448 Januar 9. Kyriakos (Eremit) geboren (S. 66).
454 Januar 8. Johannes Hesychastes geboren (S. 14).
492 November 24. Oberabt Kassianos † (S. 88).*
507 frühestens Mai. Einweihung der neuen Laura (S. 17). Aebte: 1. Johannes 507—514, 2. Paulos 514 (etwa Mai bis November), 3. Agapetos 514—519, 4. Mamas 519—? (S 17. 35).
511 August 11. Patr. Makedonios v. Kpl abgesetzt (S. 19).
511/12 Winter. Synode von Sidon (S. 20).

---

[1]) Die ganz neuen oder von der gewöhnlichen Chronologie abweichenden Zeitangaben sind mit einem * bezeichnet.

512 Herbst. Patr. Flavian v. Antiochien abgesetzt (S. 21).
512 November 6. Severos wird Patr. v. Antiochien (S. 21. 43).
513 Mai. Patr. Elias v. Jerusalem weist die Gemeinschaft mit Severos zum 2. Male zurück (S. 21).
514 Sommer. Nonnos und drei andere Origenisten werden in die neue Laura aufgenommen; nach einigen Monaten wieder ausgewiesen (S. 17. 34 f.).
515 Synode von Tyros (S. 23 f.).*
516 August. Beginn einer fünfjährigen Dürre in Palästina (S. 17 f.).*
516 Ende. Brief der orthodoxen Aebte Palästinas an K. Anastasios (S. 25).
518 Juli 9. K. Anastasios I. † (S. 42).
518 Juli 10. Thronbesteigung des K. Justin I. (S. 42).
518 Juli 20. Expatr. Elias von Jerusalem † (S. 17. 25).
518 August 6. Synode von Jerusalem (S. 17. 42).
520 Nonnos, Leontios von Byzanz und andere Origenisten treten in die neue Laura ein (S. 25).
520 September 4. Regenwunder des heiligen Sabas (S. 18).*
524 (ungefähr). Kyrillos von Skythopolis geboren (S. 6).*
527 April 1. Justinian wird Mitkaiser (S. 10).
527 August 1(2). Kaiser Justin I. † (S. 10).
529 Januar 11. Abt Theodosios † (S. 10. 13. 15).
531 April. Sabas reist nach Kpl (S. 14 f. 36).
531 Sommer. Religionsgespräch in Kpl (S. 36).
531 September. Heimreise des Sabas (S. 36).
533 Die Origenisten fangen an, in Palästina sich auszubreiten (S. 37).
536 Mai 2 — Juni 4. Synode von Kpl (S. 37).
537 (ungefähr). Theodor Askidas und Domitian werden Bischöfe von Cäsarea bezw. Ankyra (S. 38).
541 (ungefähr). Vertreibung von 40 Origenisten aus der größten Laura (S. 38).
542 um Ostern. Synode von Gaza (S. 45).*
542 Sommer. Synode von Antiochien verdammt Origenes (S. 45).*
543 Januar. Justinians Edict gegen Origenes; die σύνοδος ἐνδημοῦσα (S. 42).*
543 Februar. Bekanntmachung des Edictes in Jerusalem (S. 12. 42).*
543 Februar 8. Severos von Antiochien † (S. 43 f.).
543 Justinians Edict gegen die drei Capitel (S. 54).
543 November. Kyrillos von Skythopolis verläßt seine Heimath (S. 6. 14).
543 November od. December. Einweihung der Marienkirche in Jerusalem (S. 14).
544 Patr. Petros v. Jerusalem reist nach Kpl (S. 55).
544 Juli. Kyrillos v. Skythopolis tritt in das Euthymioskloster ein (S. 14).
544/546 Große Fortschritte der Origenisten in Palästina (S. 56).
546 Sommer. Abt Gelasios reist nach Kpl, † im October (S. 57).
547 Februar. Vertreibung der Orthodoxen aus der größten Laura. Nonnos † (S. 58).*
547/552 Spaltung der Origenisten in Isochristen und Protoktisten und Feindseligkeiten unter ihnen. Allmähliches Wiedererstarken der orthodoxen Partei (S. 58 ff.).
551 Juli. Absetzung des Patr. Zoïlos v. Alexandrien. Nachfolger Apolinarios (S. 31).

552 spätestens Juli. Berufung der 5. ökumenischen Synode (S. 103).*
552 Sommer. Vereinigung der Protoktisten mit den Orthodoxen (S. 61).*
552 August 24. Patr. Menas v. Kpl †. Nachfolger Eutychios (S. 86. 103).
552 September. Die Aebte Konon und Isidor reisen nach Kpl (S. 61 f.).*
552 October. Patr. Petros v. Jerusalem †. Nachfolger Makarios. Unruhen in Jerusalem (S. 62).*
552 December. Makarios wird abgesetzt. Nachfolger Eustochios; dieser reist nach Jerusalem (S. 62).*
552 December. Libellus des Theodoros von Skythopolis (S. 128 f.).*
553 Januar 6. Eutychios v. Kpl und andere Bischöfe überreichen dem Papste Vigilius ein Glaubensbekenntniß (S. 62 f.).
553 Januar 8. Antwort des Papstes (S. 62 f.).
553 Januar bis April. Verhandlungen Justinians und der orientalischen Bischöfe mit Vigilius wegen der Eröffnung der allgemeinen Synode (S. 134).
553 März oder April. Die Irrthümer der Origenisten werden von den Bischöfen in Kpl verworfen. Die 15 Anathematismen (S. 131 f.).*
553 Mai 5. Letzte Aufforderung des Kaisers an den Papst, sich über die Verurtheilung der drei Capitel zu äußern (S. 134).*
553 Mai 5 — Juni 2. Die fünfte allgemeine Synode (S. 68).
553 Mai 25. Vergeblicher Versuch des Papstes, das Constitutum de tribus capitulis (vom 14. Mai datirt) dem Kaiser überreichen zu lassen (S. 134).
553 Ende oder 554 erste Monate. Synode von Jerusalem (S. 65 f.).*
553 December 8. Vigilius tritt den Beschlüssen gegen die drei Capitel bei (S. 73. 77).
554 Februar 23. Das 2. Constitutum des Papstes (S. 77).
554 Vertreibung der Origenisten aus der neuen Laura (S. 65).
555 Februar 21. Orthodoxe Mönche beziehen die neue Laura (S. 65).*
557 Januar, Februar. Vollendung der Vita Euthymii und der Vita Sabae (S. 6).
557 Kyrillos v. Skythopolis geht in die größte Laura über und verfaßt dort bald seine anderen Schriften (S. 6).

Nachträge.

Zu S. 8—10. Zu meiner Freude kann ich mittheilen, daß die Echtheit der chronologischen Angaben, die sich nicht in Coteliers Ausgabe der Vita Sabae, wohl aber in Add und Slav finden, durch drei der vorzüglichsten Handschriften der Vita Sabae bestätigt wird. In liebenswürdiger Erfüllung meiner Bitte haben Herr Professor Dr. Enrico Rostagno in Florenz und Herr Dr. Giovanni Mercati in Rom durch mehrere Stichproben festgestellt, daß diese Zeitbestimmungen in der Vita Sabae des codex Laurentianus gr. Plut. XI, 9 saec. 11 ineunt., des codex Vaticanus Ottobonianus gr. 373 saec. 9—10 und des codex Vaticanus gr. 1589 saec. 10 enthalten sind. Dadurch wird wohl auch das letzte Bedenken gegen die Echtheit der Stellen niedergeschlagen.

Zu S. 16. Die eben genannten drei Handschriften verlegen die Erhebung des Johannes zum Patriarchen auf den 1. September, und zwar der Ottobonianus in die elfte, die beiden anderen in die zehnte Indiktion.

Zu S. 45, 10. Liberatus' Angabe gewinnt dadurch an Bedeutung, daß Zacharias Rhetor sie bestätigt: „Aber Theodosios von Alexandrien wurde vom Kaiser zu ihm (gerufen) und ging mit wenigen Bischöfen aus seinem Amtsbezirke hinauf, der die Synode von Chalkedon überhaupt nicht annahm, bis im Jahre I *(πρώτη)* [d. i. 537/538] dort Paulê eingesetzt ward" (ed. Ahrens-Krüger S. 238, 13).

Zu S. 62, 11 ff. ist S. 103 f. zu vergleichen.

S. 10, 11 lies: 478. — S. 12, 10: *ἰνδικτίωνος*, so überall. — S. 13, 2. 4: 20. Juli. — S. 20, 36: Sp. 2661. — S. 39, 23: (556—561). — S. 55, 19: aus. — S. 91, 2: *καί*. — S. 95, 37: *ψυχῶν*. — S. 96, 35: ²). — S. 121, 30 f.: *καταπεσεῖν*.

Verlag der Aschendorff'schen Buchhandlung, Münster i. W.

Hippolytos von Theben. Texte und Untersuchungen von Dr. Franz Diekamp, Privatdocent der Theologie in Münster. 1898. gr. 8⁰. LXX u. 177 S. Mk. 6,50.

Liter. Handweisor 1899 Nr. 707 (Bludau). ... In entsagungsvoller, dankenswerter Arbeit hat der Verfasser das ganze weite Handschriften-Material sorgfältig zusammengetragen, durchgeprüft und geordnet und mit großer Umsicht und Gründlichkeit die Zeugen auszumitteln gesucht, welchen eine mehr oder minder maßgebende Bedeutung für die Feststellung des Textes zukommt Mustergiltig ist die Ausgabe des Textes S. 1—55, dem ein reicher textkritischer Apparat wie ein Nachweis der Schriftcitate beigegeben ist. ... D. bietet im II. Teile (S. 56—130) umfangreiche Erörterungen über den Inhalt der Chronik, um die objektive Richtigkeit der chronologischen und genealogischen Angaben näher zu untersuchen und sie an der altchristlichen Tradition und der heiligen Schrift zu messen. ... Im III. Teile (S. 131—162) giebt der Verfasser sein Urteil ab über die Person des Autors und den Wert seines Werkes. ... Ein Schlußwort über Charakter und Wert von Hipp.'s Chronik, deren Ueberreste, weil sie aus der „Zeit allgemeiner literar. Verödung" der byzantinischen Periode stammen, aufmerksame Beachtung verdienen, endet die treffliche Untersuchung. Zuverlässige Indices bilden eine Beigabe, die Jedem willkommen sein wird, der aus theol., histor. oder philol. Interesse den Hipp. zur Hand nimmt. — Papier und Druck des Buches sind sehr schön, der Satz ist vorzüglich korrigiert. ... So darf D's Werk als eine höchst beachtenswerte Leistung und als entschiedener Gewinn für die Wissenschaft begrüßt werden Der Verfasser hat seinen Beruf zum Herausgeber altchristlicher Schriften trefflich erwiesen,
Theol. Quartalschr. 1899 III Tübingen (Funk). Die Aufgabe fiel in eine tüchtige Hand. Die Handschriften wurden in größter Ausführlichkeit durchforscht und verwertet, die Texte sorgfältig rezensiert und mit großer Gelehrsamkeit erörtert, Zeit und Heimat des Autors scharfsinnig untersucht. ... Die Schrift verdient als durchaus tüchtige Arbeit großes Lob.
Liter Centralbl. f. Deutschl. 1899 I. Diese Arbeit hat das Verdienst, über den rätselhaften Namensvetter des römischen Hippolyt zum ersten Male Licht verbreitet zu haben. ... D. hat auf Grund eines überraschend großen, mit emsigem Fleiß gesammelten und verarbeiteten Handschriftenmaterials die Reste der Chronik, echte und unechte, auf das Sorgfältigste rezensiert und, was noch dankenswerter ist, zugleich sachlich erläutert. Die Anmerkungen zum Inhalt der Chronik, die von eingehendem Studium, besonders der Apokryphen zeugen, enthalten wertvolle Beiträge zur Legendengeschichte; ein Abschnitt, wie der über „die heilige Sion, die Mutter aller Kirchen" ist in mehr als einer Beziehung von wirklichem Interesse. Ueberall zeigt sich ernstes, wissenschaftliches Streben.
Zeitschr. f. kath. Theologie Innsbruck 1899 fol. 319 (L. Fonck). ... Mit bewundernswerter Sorgfalt giebt D. Nachricht von ca. 120 Manuscripten, von denen er 38 zur Festsetzung des Textes und zur Herstellung der kritischen Variantenverzeichnisse benutzt. Auf dieser handschriftlichen Grundlage bietet er unter sorgfältiger Scheidung der echten und unechten Stücke für die Chronik und alle darauf bezüglichen Fragmente einen viel vollständigeren und ungleich korrekteren Text als alle bisherigen Ausgaben. Zugleich giebt er über die benutzten Handschriften und ihren zum Teil nicht gedruckten Inhalt sehr genaue und wertvolle Aufschlüsse. Den Texten fügt D. ausführliche Untersuchungen über den Inhalt der Chronik hinzu, um dadurch zu einem richtigen Urteil über den Verfasser und den Wert seines Werkes zu gelangen. Er geht auf jeden einzelnen Punkt des Inhaltes sehr gründlich ein. ... Die Schrift ist als eine vorzügliche und musterhafte Leistung mit hoher Freude zu begrüßen und tritt dem früheren Werke des Verfassers über „Die Gotteslehre des hl. Gregor von Nyssa" würdig zur Seite.
Theol. Literaturbl. Leipzig 1899 Nr. 8 (Zöckler). ... Neuestens haben einige andere, besonders G. Ficker (Studien zur Hippolytfrage, 1893) und Hans Achelis (Hyppolytstudien. 1897) sogar die Existenz eines vom römischen Hippolytos verschiedenen Thebaners dieses Namens in Zweifel zu ziehen versucht. — Die mit beträchtlicher Gründlichkeit zu Werke gehende Studie unseres Verfassers — eines Schülers des Münchener Patristikers Bardenhewer (dem auch die Schrift gewidmet ist) — entzieht zunächst, mittels der die handschriftliche Ueberlieferung jenes Chronicon betreffenden Voruntersuchung (S. V—LXX), der letzten dieser Annahmen jeglichen Anhaltspunkt. ...
Liter. Rundschau Freiburg 1899 Nr. 2 (Dausch). ... Es war deshalb ein sehr verdienstvolles Unternehmen des bereits ... bestens in die theologische Literatur eingeführten Verfassers, diesen dunklen Punkt (Existenz des Hippolyt) soweit als möglich aufzuhellen, was ihm ... auch vortrefflich gelungen ist. ... Besonders den II. Teil des literargeschichtlichen Werkes, der die chronologischen und genealogischen Angaben der Chronik beleuchtet, wird auch der neutestamentliche Theolog mit größtem Nutzen lesen. Aktuell ist hier der klärende Abschnitt über die heilige Sion und die Dormitio beatae Mariae Virginis. ... Von dem Fleiße des Verfassers zeugt auch das „Inhaltsverzeichnis", d. h. das am Schlusse des Werkes sich findende Verzeichnis der „Handschriften" (mit besonderer Hervorhebung der den Handschriften unmittelbar entnommenen Mitteilungen), das Verzeichnis seltener „griechischer Wörter und Formen" der edirten Texte und das Namen- und Sachregister.

Verlag der Aschendorffschen Buchhandlung, Münster i. W.

Die Gotteslehre des hl. Gregor von Nyssa. Ein Beitrag zur Dogmengeschichte der patristischen Zeit von Dr. theol. Franz Diekamp. I. Teil. 8⁰. (VIII u. 260 S.) Preis M. 4.

Stimmen aus Maria Laach. 1897. 53. Bd. 5. H. Die vorliegende Schrift ist in mancher Beziehung eine wirklich mustergiltige Leistung. Der Herr Verfasser hat nicht nur die Schriften des hl. Gregor und die ausgebreitete Literatur über diesen Kirchenvater gründlich studiert, sondern besitzt auch sonst eine achtenswerte Belesenheit in den Kirchenvätern, welche ihm erlaubt, über die mutmaßlichen Quellen des hl. Gregor und die Verwendung seiner Schriften in der spätern Väterzeit ein Wort zu sagen. Sehr erfreulich berühren die reichen philosophischen und theologischen Kenntnisse, welche der Herr Verfasser zu erkennen giebt; sie ermöglichen es ihm, die Schwierigkeiten, welche die Lehre des Nysseners bietet, eingehend und unverhüllt darzulegen und mit Sicherheit ein Urteil zu fällen. Im allgemeinen ist die Darstellung klar und einfach; doch fühlt man es ihr an, daß der Herr Verfasser von einer wahrhaft katholischen Hochachtung vor den Kirchenvätern erfüllt ist, und mitunter bricht sie auch etwas stärker hervor, wenn der hl. Gregor gegen einen anmaßenden Verurteiler zu verteidigen ist, der den großen Denker nicht verstand. Nach einer Charakteristik des Nysseners als Einleitung folgt zunächst dessen Lehre über die verschiedenen Weisen der natürlichen Gotteserkenntnis (Kap. 1). Der Hauptteil des Buches ist dann der Darlegung des für die Entwicklung der Theologie sehr bedeutsamen Kampfes gegen Eunomius gewidmet; Kap. 2 und 3 behandeln die Controverse über die Unbegreiflichkeit und Agennesie Gottes; Kap. 4 zeichnet im Anschluß daran Gregors Lehre über den Wert unserer Begriffe von Gott; Kap. 5 stellt seine Aussagen über die einzelnen Attribute Gottes zusammen.

Theol. Jahresber. Braunschweig. XVI. Bd. (1897). Als eine ausgezeichnete Studie erscheint dem Ref. die Arbeit von Diekamp über die Gotteslehre Gregors von Nyssa. Man braucht sie nur mit der vor zwei Jahren erschienenen Dissertation von Meyer (JB. XLV, 197) zu vergleichen, um den Eindruck zu gewinnen, daß der katholische Gelehrte mit einem ganz anderen Apparat von selbständig erworbenen Kenntnissen arbeitet als der protestantische. Auch ist dem Ref. bei D. kaum eine Spur von ungeschichtlicher Voreingenommenheit — es sei denn gegenüber Gregors Stellung zum römischen Primat — begegnet.

Theologischer Litteratur-Bericht 1898 Nr. 9. (Bertelsm. Gütersloh.) Über die Gotteslehre Gregors von Nyssa hat jüngst W. Meyer (Leipzig 1894) gehandelt. Der Verf. hat dieses Thema nicht nur in weiterem Umfange aufgenommen, sondern es auch in einer Gründlichkeit ausgeführt, welche einer völligen Erschöpfung desselben gleichkommt. Die etwas scholastische Form der Darstellung befremdet vielleicht, aber überall stößt man auf eine gediegene dogmengeschichtliche Kenntnis, die auch das Kleinste nicht zu klein erscheint, und ein Streben nach unbefangener Auffassung und Lösung der Probleme.

Österr. Lit.-Blatt 15. 8. 96 Nr. 16. Der Verfasser bekundet überall ein nüchternes Urteil, Klarheit und Schärfe des Gedankens. Die Fehler, welche Erstlingsarbeiten in der Regel anhaften, sind hier fast ganz vermieden. Wir können dem Verf. zu seinem ersten gelungenen Wurf nur Glück wünschen und sehen mit Vergnügen weiteren Publikationen entgegen.

De voti natura, obligatione, honestate; commentatio theologica, quam scripsit Dr. theol. C. Kirchberg. 8⁰. (222 S.) Pr. M. 3,60.

H. Noldin S. J. in der Zeitschr. für kath. Theol. 22. Jahrg. 1898. Die Schrift bietet eine fleißig und eingehend gearbeitete, nahezu erschöpfende Darstellung der theologischen Lehre über das Gelübde. Die Methode der Darstellung ist die positivkasuistische, die Auswahl der Beweise und der praktischen Fragen ist mit Scharfsinn, Umsicht und kluger Maßhaltung getroffen, das Ganze ist in einfacher, gefälliger und edler Form dargestellt. Die Literatur aus alter, neuer und neuester Zeit ist in außergewöhnlichem Maße herangezogen. Die Citate der berücksichtigten Werke weisen eine seltene Sauberkeit und Genauigkeit auf, die um so wohlthuender wirkt, je größer auf jeder Seite die Zahl derselben ist. In der vorliegenden Schrift haben wir ohne Zweifel die beste Abhandlung über das Gelübde.

Stimmen aus Maria Laach 1897. Wir stehen nicht an, die Schrift als eine recht gediegene Monographie über das Gelübde zu empfehlen, welche über die ethische und kirchenrechtliche Seite des Gelübdes nach allen Richtungen hin orientiert und die einschlägigen moraltheologischen Fälle klar und sicher entscheidet. Es sind nur sehr wenige Punkte, in denen wir dem Verfasser nicht beipflichten möchten; niemals übrigens stellt er seine Ansichten fest, ohne auf Gründe und Gegengründe einzugehen. Rühmend hervorheben wollen wir noch außer der erwähnten sittlichen Rechtfertigung der Gelübde im allgemeinen und der Ordensgelübde im besonderen die lichtvollen Begriffsbestimmungen über Wesen und Gegenstand der Gelübde, sowie über Dispens- und Irritationsbefugnis.

Dr. Rob. Breitschopf O. S. B. in Theol. prakt. Quartalschr. III. 1898. Mit wirklichem Genusse und mit großem Nutzen wird jeder theologisch Gebildete diese von großem Fleiße und reichem theologischen Wissen zeugende Monographie über das Gelübde lesen. Wir haben es hier nicht etwa mit einer bloßen Zusammenstellung und Auslese aus verschiedenen Moralwerken zu thun, sondern mit einer durch und durch selbständigen Arbeit, die überall den prüfenden und selbständig urteilenden Geist vollkommener Vertrautheit mit dem Stoffe, als auch eminente Beherrschung der einschlägigen Literatur verrät.

www.ingramcontent.com/pod-product-compliance
Lightning Source LLC
Chambersburg PA
CBHW030344170426
43202CB00010B/1231